*A você, que vai entrar agora nesta linda e reveladora psicografia, eu desejo muita luz, paz, amor e felicidade. Que as linhas por mim psicografadas lhe ajudem em sua jornada evolutiva.*

*São meus sinceros votos.*

“Recomendo a leitura do escritor Osmar Barbosa; ele consegue nos transmitir ensinamentos espíritas de forma simples e objetiva. Traduz, através das linhas escritas, ensinamentos fundamentais para quem deseja saber um pouco mais sobre a vida nos planos espirituais e, tudo isso, em uma linguagem compreensiva a todos aqueles que necessitam de conforto e que desejam modificar suas vidas aprendendo a se tornar um Ser melhor.

Leiam os livros psicografados por ele!

Uma leitora…”

*pelo Espírito* NINA BRESTONINI

# *Em busca do* TEMPO PERDIDO

Book Espírita Editora
*1ª Edição*
| Rio de Janeiro | 2024 |

OSMAR BARBOSA

**BOOK ESPÍRITA EDITORA**

**Capa**
Marco Mancen

**Projeto Gráfico / Diagramação**
Mancen Editorial

**Imagem capa**
Arte digital/IA

**Revisão**
Iara Zanardo Domingues

**Marketing e Comercial**
Michelle Santos

**Pedidos de Livros e Contato Editorial**
comercial@bookespirita.com.br



1ª edição
**Prefixo Editorial:** 991053
*Impresso no Brasil*

**Dados Internacionais de Catalogação na Publicação (CIP)**
**(Câmara Brasileira do Livro, SP, Brasil)**

Brestonini, Nina (Espírito)
Em busca do tempo perdido / [ditado por] Nina Brestonini, [psicografado por] Osmar Barbosa. -- 1. ed. -- Niterói, RJ : Osmar B. Santos, 2024.

ISBN 978-65-89628-49-1

1. Espiritismo 2. Obras psicografadas 3. Reencarnação I. Barbosa, Osmar. II. Título.

24-206892 CDD-133.93

**Índices para catálogo sistemático:**

1. Psicografia : Espiritismo 133.93

Tábata Alves da Silva - Bibliotecária - CRB-8/9253

# *Outros livros psicografados por Osmar Barbosa*

1. *Cinco Dias no Umbral*
2. *Gitano – As Vidas do Cigano Rodrigo*
3. *O Guardião da Luz*
4. *Orai & Vigiai*
5. *Colônia Espiritual Amor e Caridade*
6. *Ondas da Vida*
7. *Antes que a Morte nos Separe*
8. *Além do Ser – A História de um Suicida*
9. *A Batalha dos Iluminados*
10. *Joana D'Arc – O Amor Venceu*
11. *Eu Sou Exu*
12. *500 Almas*
13. *Cinco Dias no Umbral – O Resgate*
14. *Entre nossas Vidas*
15. *O Amanhã nos Pertence*
16. *O Lado Azul da Vida*
17. *Mãe,Voltei!*

18. *Depois*
19. *O Lado Oculto da Vida*
20. *Entrevista com Espíritos – Os Bastidores do Centro Espírita*
21. *Colônia Espiritual Amor e Caridade – Dias de Luz*
22. *O Médico de Deus*
23. *Amigo Fiel*
24. *Impuros – A Legião de Exus*
25. *Vinde à Mim*
26. *Autismo – A escolha de Nicolas*
27. *Umbanda para Iniciantes*
28. *Parafraseando Chico Xavier*
29. *Cinco Dias no Umbral – O Perdão*
30. *Acordei no Umbral*
31. *A Rosa do Cairo*
32. *Deixe me Nascer*
33. *Obssessor*
34. *Regeneração – Uma Nova Era*

35. *Dica do Dia - Com Osmar Barbosa*
36. *Deametria – Hospital Espiritual Amor e Caridade*
37. *A Vida depois da Morte*
38. *Deametria – A Desobsessão Modernizada*
39. *O Suicídio de Ana*
40. *Cinco Dias no Umbral – O Limite*
41. *Guardião – Exu*
42. *Colônia Espiritual Laços Eternos*
43. *Despertando o Espiritual*
44. *Por que Você Morreu?*
45. *Aconteceu no Umbral*
46. *O Diário de um Suicida*
47. *Superior Tribunal Espiritual*
48. *Bem-vindo ao Umbral*
49. *O Diário de um Morto*
50. *Exilados do Planeta Terra*
51. *Um Espírita no Umbral*
52. *A Garota do Balão*
53. *O Outro Lado da Vida*
54. *Um Obsessor no Centro Espírita*
55. *Orientações do Além*

*O autor doou todos os direitos desta obra à Fraternidade Espírita Amor e Caridade.*
*www.hospitalamorecaridade.org*

*Conheça um pouco mais de Osmar Barbosa:*
***www.osmarbarbosa.com.br***

Recomendamos a leitura dos
outros livros psicografados por
Osmar Barbosa para maior
familiarização com os Espíritos
que estão neste livro.

O Editor.

# Agradecimentos

*Agradeço primeiramente a Deus, por ter me concedido esse verdadeiro privilégio de servir humildemente como um mero instrumento dos planos superiores.*

*Agradeço a Jesus Cristo, espírito modelo, por guiar, conduzir e inspirar meus passos nesta desafiadora jornada terrena.*

*Agradeço à Nina Brestonini e aos demais espíritos, ao lado dos quais tive a honra e o privilégio de passar alguns dias psicografando este livro. Agradeço, ainda, pela oportunidade e por permitirem que estas humildes palavras, registradas neste livro, auxiliem as pessoas a refletirem sobre suas atitudes, evoluindo.*

*Agradeço também à minha família, pela cumplicidade, compreensão e dedicação. Sem vocês ao meu lado, me dando todo tipo de suporte, nada disso seria possível.*

*E agradeço a você, leitor amigo, que comprou este livro e que, com a sua colaboração, nos ajudará a levar a Doutrina Espírita e todos os seus benefícios e ensinamentos para mais e mais pessoas.*

*Obrigado!*

*A todos, os meus mais sinceros agradecimentos.*

*Osmar Barbosa*

# Quem é Osmar Barbosa?

## Um pouco da minha história.

Sou médium, dirigente, expositor, mas, acima de tudo, humano!

Cresci em São Gonçalo, no Rio de Janeiro, onde tive minhas primeiras experiências mediúnicas. Ainda na infância, tive a oportunidade de conviver com uma pessoa maravilhosa, que, na Terra, foi a minha mãe, Aurora Barbosa.

Com ela, aprendi a ser gente, amar as pessoas e valorizar tudo e todos. Acho que aprendi também a ser simples em minha maneira de observar o mundo.

De formação católica, conheci a Doutrina Espírita por orientação de companheiros espirituais, tendo ingressado no movimento espírita em 1987, no Grupo Espírita Frei Fabiano de Cristo, dirigido pela saudosa amiga Carolina Araújo.

Mais tarde, fundei a Casa Espírita de Oração Luz do Oriente, hoje chamada Fraternidade Espírita Amor e Caridade, onde no momento atuo como presidente em Itaipu, Niterói, Rio de Janeiro, desenvolvo atividades mediúnicas e auxilio na administração das obras sociais.

Sou comprometido com o ideal espírita, perfeitamente humano e cheio de perguntas para as quais não tenho respostas, embora tenha muitas respostas para perguntas que nunca formulei.

Adoro ser humano, bater um bom papo, ser amigo, rir, viajar e me divertir com a minha família.

Não sou obcecado por trabalho.

Acho que precisamos de um tempo para curtir a vida, o mundo e as pessoas. O planeta Terra é muito bonito, e precisamos ter um tempo à disposição para apreciar o mundo e suas experiências.

Adoro respirar ar puro e ouvir MPB. Curto muito cinema, principalmente drama, comédia e suspense.

Gosto de experimentos culinários e uma boa praia. Sou apenas humano, como você e muita gente boa por aí. Adoro ficar em casa com a minha família e os meus cinco filhos. Curto muito o meu lar, as minhas netas e os amigos.

Eu nunca pensei que chegaria onde estou, pois a vida não foi fácil no começo. Tive perdas que foram muito difíceis de superar, mas sempre me reinventei nos momentos mais difíceis e acho que ainda me reinvento diariamente para sobreviver e aprender com tudo e todos que se relacionam comigo nesta vida.

Sou estudioso da mediunidade e defendo a mediunidade séria em todos os sentidos, pois tenho convicção que o dom da mediunidade é algo muito especial, e especialmente deve ser exercido.

Aprendi com meus mentores que a "mediunidade é um dom divino, e divinamente devemos exercê-la".

Todos os dias aprendo com meus mentores espirituais e com os acontecimentos que a vida me traz, pois sei que nada que me acontece é por acaso. Tudo o que chega até mim traz um ensinamento, até mesmo aquilo que, em alguns momentos, acho ser ruim.

Assim, minha vida está sempre em transformação, pois coloco em prática tudo o que aprendo com a Espiritualidade que me assiste. Sempre exteriorizo todos os ensinamentos que minha religião me traz, pois sei que, se não tiver a bondade, a capacidade e o amor de compartilhar tudo o que aprendo, quando eu deixar a vida humana, todo o meu esforço terá sido em vão, visto que meu aprendizado morrerá comigo. Por isso, partilho o tempo todo tudo o que sei e aprendo em minha vida, seja na vida mediúnica, seja na vida de humano.

Aprendi que muitas vezes não serei compreendido e aceito por acreditar no que acredito, mas devo ter a sabedoria de entender que nem mesmo Jesus teve uma tarefa fácil quando esteve entre nós.

No mais, quero viver todas as experiências possíveis e extrair delas a minha evolução, que é pessoal e intransferível.

Este sou eu!

"*Saudade é uma dor que fere dois mundos.*"

Chico Xavier

# Sumário

“

*Todos os dias, recebemos uma página em branco no livro da vida. O que você está escrevendo?*

”

*Osmar Barbosa*

# Prefácio

Era para ser mais um dia normal em minha vida. Mas eu não havia dormido bem naquela noite. Muitos pesadelos e imagens estranhas me visitaram durante a madrugada.

Sou médium desde que me entendo como encarnado, como tenho relatado para todos vocês em diversas psicografias, e um dos tipos de mediunidade que mais exerço é a mediunidade de clarividência e vidência, que são os tipo que nos possibilita ver e conversar com os espíritos.

Tenho alguns outros tipos de mediunidade que exerço sempre que necessário durante as psicografias e o trabalho na casa espírita.

As que mais uso são clarividência, vidência, psicografia, desdobramento e psicofonia, além de alguns outros tipos que, quando há a necessidade, os mentores espirituais utilizam, mas que não são comuns em meu dia a dia.

Naquela manhã eu fiquei muito feliz quando olhei para os pés de minha cama e percebi que quem havia acabado de chegar em meu quarto era ninguém menos do que Nina Brestonini.

Conheci a Nina há alguns anos. Embora a tenha visto em outros tempos, nunca havia sido apresentada à doce Nina pelo meu mentor espiritual.

Os espíritos têm alguns mistérios que, por vezes, não entendemos. Aconselho todos a esperar pelo tempo certo, onde tudo nos será revelado.

Eu conheci a Nina pessoalmente quando ela nos presenteou com o livro *Cinco Dias no Umbral*, sucesso absoluto em todos os meios possíveis. Inclusive, é o livro que transforma diariamente muitas pessoas, pois nos mostra o amor que nosso Pai tem por todos os Seus filhos, em todos os lugares imagináveis da Criação.

Sou e serei eternamente grato por ter sido escolhido pela Nina para transmitir não só o que o livro *Cinco Dias no Umbral* nos informa, mas também a sequência, que tive a oportunidade de psicografar junto dela.

Se você, que está lendo este livro, ainda não conhece esses livros, eu o convido a descobrir tudo o que acontece nas regiões de sofrimento, conhecidas por nós como Umbral, através das obras *Cinco Dias no Umbral, Cinco Dias no Umbral — O Resgate, Cinco Dias no Umbral — O Perdão* e, por fim, *Cinco Dias no Umbral — O Limite*.

Na leitura dessas obras, você conhecerá intimamente quem é a mentora que nos traz agora informações preciosíssimas sobre o que nos acontece em nossa vida após o desencarne.

Ao perceber a presença de Nina, ainda meio sonolento, me sentei na cama e começamos um diálogo.

— Bom dia, Osmar!

— Bom dia, Nina!

— Você está bem, vejo que está cansado?

— Desculpe, Nina. É que essa noite eu não dormi muito bem.

— O que houve?

— Não sei... Tive uma noite perturbada. Muitos pesadelos e uma figuras estranhas que nunca imaginei existir.

— O que houve? Conte para mim.

— Na maioria das vezes, me deito e durmo rápido, mas essa noite, confesso, foi complicada.

— O que houve? Conte — insistiu a mentora.

— Parece que a noite teve poucas horas. É como se eu não tivesse dormido. Foram muitos pesadelos. Eu acho que estava no Umbral.

— Sabe por que isso aconteceu com você essa noite?

— Não faço a menor ideia, Nina.

— Nós te levamos à tarefa espiritual.

— Tarefa espiritual? Como assim?

— Olhe, Osmar, você está ligado a muitos espíritos. Alguns estão encarnados, mas a maioria dos espíritos ligados a você estão desencarnados. Às vezes, durante o repouso necessário do corpo físico, o espírito se dedica ao trabalho nas cidades espirituais, e essa sensação é natural.

"Os laços que unem os espíritos, Osmar, são afetivos. Somente laços de amor nos unem eternamente. Embora possa haver outros tipos de ligação espiritual, o mais comum são realmente as ligações afetivas. E, quando você ajuda ou encontra alguém aqui na vida espiritual que tem fortes laços com você e que está com muita saudade, isso acontece." Eu já havia te falado sobre isso em outra psicografia, você não lembra?

— Caramba, Nina, lembro sim, inclusive você nos falou sobe laços afetivos e suas diferenças, lembrei agora.

— Quer falar novamente sobre isso?

— Acho muito importante que os leitores desse livro aprendam também.

— Então repita o prefácio e também as suas experiências fora do corpo físico.

— Vou repetir, mas com a inclusão de mais informações, você me ajuda?

— Sim.

— Podemos começar?

— Sim, refaça a pergunta.

— Nina, qual é a diferença desses laços?

— Os laços afetivos são aqueles criados durante as encarnações, sendo pai, mãe, esposa, marido, filho, filha, avô, avó... Enfim, todas as vezes que encarnar, você irá encarnar ao lado de espíritos afins, seja para a evolução juntos, seja para o resgate de débitos pretéritos. Assim, Osmar, os laços afetivos se tornam cada vez mais profundos.

— Que legal! Isso é interessante.

— O outro tipo de ligação espiritual são as ligações missionárias ou de interesse mútuo. É bom que você saiba.

— Agora complicou.

— O que complicou?

— Interesses? Missionárias? Como assim?

— As ligações missionárias são aquelas nas quais os espíritos se unem para juntos, auxiliar outros tantos irmãos em evolução, como é o caso que eu e você estamos experimentando neste momento.

— Peraí, me explique isso. Você está ligada a mim?

— Sim, nós combinamos que você iria encarnar, ser médium e, através da sua mediunidade, levar informações evolutivas a muitos irmãos necessitados de esclarecimento.

— Quer dizer que combinamos isso?

— Sim, estamos ligados a você pela missão que escolhemos juntos realizar. Assim, você encarnou e nós estamos ao seu lado para cumprirmos juntos nossos propósitos evolutivos, pois nosso trabalho nos traz retornos evolutivos. Você ganha, e nós também…

— Quer dizer que encarnei como médium para fazer o que faço?

— Exatamente. Por que você está assustado assim?

— Não, não é susto. Eu sei que tudo o que vivo nesta encarnação ao lado de vocês não é um acaso. Mas eu gostaria de saber, se for possível, é claro, se estou indo bem, Nina?

— Sim, podemos dizer que satisfatoriamente.

— Posso melhorar?

— Sempre podemos melhorar um pouco.

— E você pode me dizer o que devo fazer para melhorar?

— Seja justo, honesto e bom…

Naquele momento, as lágrimas visitaram meus olhos, por serem essas as palavras ditas pela minha mãe quando a encontrei na vida espiritual, fato que relatarei neste livro para vocês.

— Por que você está chorando?

— Essas foram as palavras ditas pela minha mãe quando eu a encontrei após meu acidente, que transformou totalmente a minha vida há alguns anos.

— São essas as ligações de amor que não se perdem simplesmente pelo fato de um espírito estar encarnado e o outro estar na vida espiritual. Estamos ligados pela eternidade, Osmar.

— Eu e você?

— Eu, você e tantos outros espíritos, como lhe disse.

— Meu Deus, Nina, que bom saber disso!

— Tenho que lhe falar sobre os interesses mútuos, ou interesses comuns aos espíritos. Posso fazê-lo agora?

— Sim. Você disse que esse é mais um tipo de ligação espiritual.

— Quando chegar à vida espiritual e lhe for permitido, por merecimento, permanecer nas cidades espirituais, logo você desejará evoluir um pouco mais. E, ao desejar sua evolução pessoal, precisará da ajuda daqueles que se encontram mais evoluídos que você.

"É nessa hora que os espíritos se agrupam para juntos, evoluir por interesses comuns, pois as cidades espirituais, os planos transitórios, os hospitais espirituais, os postos de socorro, enfim, tudo o que existe do outro lado da vida precisa de trabalhadores. Sendo assim, é trabalhando ao lado de outros espíritos que você conquistará bônus que lhe proporcionarão evoluir."

— Por isso, vocês dizem que ninguém fica na vida espiritual sem atividade evolutiva.

— Não é de interesse dos espíritos que aqui chegam permanecer estacionados evolutivamente, pois é evoluindo que poderemos visitar dimensões superiores, onde podem estar aqueles que tanto amamos nesta ou em outras vidas e que evoluíram mais que nós.

— Isso é inteligentíssimo.

— É a Criação Divina, Osmar.

— Como não crer no óbvio, meu Deus?!

— Tudo aqui precisa de espíritos para se manter em atividade. Deus não é nosso empregado. Ele é o patrão.

— Igual aqui, Nina.

— Os planos se assemelham, como informamos a vocês por muito tempo.

— Quer dizer que o plano espiritual pode ser comparado a uma grande empresa que precisa de trabalhadores para continuar progredindo?

— Pode, sim, Osmar. E eu vou aproveitar a sua colocação para lhe mostrar como é realmente muito parecida a vida espiritual com a vida terrena. Preste atenção.

— Vamos lá.

— Se você procura um emprego em uma grande indústria ou em uma grande empresa, mas não tem nenhuma qualificação para exercer qualquer cargo, por onde você começa?

— Normalmente se começa por baixo, como mensageiro, office boy ou servente, cargos que, embora sejam muito importantes para qualquer empresa, refletem que o funcionário é menos qualificado.

— Pois bem. Aqui não é diferente. E, se você desejar crescer na empresa em que trabalha, o que você precisa fazer?

— Estudar, me esforçar, aprender tudo sobre a empresa, fazer cursos, imersões, seminários, enfim, me dedicar para poder crescer na empresa.

— Aqui não é diferente. Quando o espírito desencarna, ele se vê diante de sua realidade espiritual e das verdades que negou conhecer durante a encarnação. Nós, os espíritos que já estamos conscientizados do que somos, do que queremos e do que podemos fazer para evoluir ainda mais, trabalhamos em amparo e auxílio aos nossos irmãos. Dessa forma, trabalhamos pela evolução de todos os espíritos.

"Quando você acorda na vida espiritual e percebe que pode crescer e conquistar muitas coisas aqui, logo quer se dedicar, estudar e melhorar para evoluir. Ninguém vira diretor de uma empresa porque é bonito, inteligente ou simpático. Só se vira diretor de uma empresa dedicando-se ao estudo, estando formado, sendo profundo conhecedor da empresa e mostrando ser dedicado, esforçado e qualificado para ocupar a direção de algo tão grandioso e importante.

"O que todos vocês definitivamente precisam se conscientizar é que aqui reflete-se tudo o que vivem aí…

"Essa é a decisão mais inteligente da Criação. Você não será surpreendido em nada, inclusive sobre a vida continuar, pois estamos entre vocês há muito tempo avisando que não morrerão, que existe vida após a encarnação e tantas outras informações que todos deveriam estudar e investir, pois, diante de seus olhos, o que digo agora se tornará realidade algum dia.

"Quando você chegar aqui, logo perceberá que desperdiçou muito tempo dedicado a coisas que não valeram a pena para sua evolução. Por isso é que todos estamos focados em auxiliar aqueles que chegam descrentes da vida após a curta existência terrena.

"A maioria dos espíritos que chegam aqui querem logo recuperar o tempo perdido.

"Após conscientizá-los, auxiliamos nossos irmãos a seguirem em frente, pois nada aqui fica estacionado."

— Como é bom aprender e saber tudo isso, Nina!

— Então, se você quer crescer em uma empresa aí, precisa se dedicar. E, se você quer se tornar um espírito melhor aqui, precisa se modificar. Simples assim...

— Sabe, Nina, embora eu esteja totalmente conscientizado do que sou, de que jamais deixarei de existir e de que minha tarefa não é tão simples como parece, às vezes meu trabalho me desanima.

— Por quê?

— Porque, embora eu saiba que é muito difícil as pessoas acreditarem em tudo isso que escrevemos, eu vivo isso tudo e não tenho como fugir do que vocês me apresentam. Costumo dizer que minha mediunidade me aprisiona, pois não posso viver uma vida normal.

— O que seria uma vida normal, Osmar?

— Ah, viver como as pessoas do meu convívio. Elas são livres, Nina. Fazem o que querem.

— Cada espírito está em uma estação evolutiva e será recebido aqui de acordo com aquilo em que crê e realiza, Osmar.

"Faça a sua parte. Se alguns não se interessarem por sua escrita ou por aquilo em que você acredita e faz na casa espírita ou fora dela, não se preocupe, pois todos um dia despertarão para suas realidades espirituais.

"Tenha em mente que, se você não estivesse fazendo o seu trabalho, haveria um vazio, que nós não conseguiríamos preencher sem sua dedicação e amor ao que faz. Por isso o aconselho, não se importe com o que os outros irão pensar ou dizer de você. Faça o que o seu coração diz, por ser nele que está a vontade de Deus. Todos os que seguem o que ouvem sair do coração são aceitos nas esferas superiores. Excelente conquista para um espírito em evolução, meu amigo..."

— Às vezes, eu me sinto como um peixe fora d'água, Nina.

— Mas, se o peixe não se mostrar, como saberão da sua existência?

— Eu entendo, mas não é fácil.

— Não é fácil para nenhum espírito que está em evolução, que tem em vista aperfeiçoar-se e que tenha assumido o compromisso que você assumiu. Como disse, ouça seus amigos espirituais e seu coração. O mais importante é: não desperdice seu tempo com aquilo que não vai lhe ser útil após a encarnação. A continuidade da vida não é uma utopia; ela é sua próxima realidade.

— Obrigado por suas palavras, Nina.

— Nós é que agradecemos por você nos permitir levar essas mensagens aos nossos irmãos.

— Acho que a parte mais difícil de uma missão mediúnica é a ingratidão, Nina.

— Você não é o primeiro nem será o último a sofrer com a ingratidão das pessoas.

— É, eu sei, mas dói, Nina.

— Por que dói?

— Porque criamos laços de amor com nossos companheiros de vida e, de repente, como se não valêssemos um centavo, essas pessoas nos descartam, como um papel velho onde não se pode mais escrever.

— O que dizer dos apóstolos que negaram o Senhor antes de Sua crucificação?

— É verdade, Nina. Quem sou eu para reclamar de ingratidão…

— Eles O negaram mesmo após ver os milagres que Ele fez. Negaram ser Seus seguidores e, pior, fingiram não O conhecer. Então, não sinta a dor da ingratidão. Deixe essa dor para os que são ingratos com você, pois um dia toda a verdade lhes será revelada, e será nessa hora que será glorificado por todo esforço e amor dedicado ao outro.

"Osmar, a ingratidão é o verdadeiro caráter daqueles que se dizem seus amigos. Portanto, siga em frente sem valorizar os que não o valorizam. Um dia, como disse, a verdade se estabelecerá diante dos olhos dos ingratos."

— Não tenho a intenção de ser glorificado, Nina.

— Mas Deus entrega aos Seus os méritos da luta e desfaz a covardia aplicada aos justos.

— Meu Deus, me perdoe...

— Ele te ama e é justo, verdadeiro e bom!

— Sei que um dia tudo me será revelado, mas confesso que, por vezes, a ansiedade por esse encontro toma conta de mim.

— Osmar, eu posso lhe fazer uma pergunta?

— Claro, Nina! Meu Deus...

— Você tem medo da morte?

— Acho que não, mas não gostaria de ir agora.

— Por quê?

— Porque tenho filhos, netos e esposa. Eu gostaria de ficar um pouco mais ao lado deles.

— O que seria um pouco mais?

— Não sei. Alguns anos a mais.

— Pois é. Vocês vivem dizendo que não querem morrer, que querem ficar um pouco mais, mas o quanto é esse pouco mais?

— Ver os filhos crescerem, os netos...

— Depois dos netos, vêm os bisnetos. Depois, outros netos... Você vai poder acompanhar todos eles estando aqui. A morte não o separa de quem você ama.

"É incrível como vocês acreditam na morte...

"Vocês precisam se desprender da vida material e se conscientizar já de que a vida não termina com uma aventura terrena e estar ao lado daqueles que mais amam só depende de vocês mesmos. Só depende do que vocês estão fazendo agora...

"Se realmente ama muito os espíritos que estão nesta vida com você, comece agora a planejar sua vida espiritual, porque ela é real. Ela acontecerá... Evolua imediatamente."

— Meu Deus, o que devo fazer, Nina?

— Evolua imediatamente, como disse. Se você continuar evoluindo, lhe será permitido acompanhar todos os que você tanto ama, mesmo estando desencarnado. Tudo só depende das suas conquistas espirituais atuais. Não são as conquistas terrenas que o qualificarão para poder visitar aqueles que você tanto ama e permanecer ao lado deles.

— Como é bom poder escrever isso!

— Alegre-se. Há vida após a vida terrena. Pare imediatamente de sofrer por aquilo que você não conhece. Confie nos espíritos...

— Eu não tenho dúvidas de que a vida continua, Nina. E eu confio muito em tudo o que vocês me ensinam.

— Osmar, se você tem medo da morte, não tenha medo da vida.

— Nossa, que frase, Nina!

— Viva intensamente cada segundo e aproveite ao máximo todas as oportunidades evolutivas que se apresentarem à sua frente, porque a vida não termina com uma vida. Você logo se conscientizará de que é muito mais do que imagina. Quando isso acontecer, uma nova realidade se apresentará à sua frente, e você agradecerá por ter passado sua mente e seus olhos sobre estas linhas.

— Sou eternamente grato por ser o portador destas palavras, Nina.

— Então, escreva, Osmar.

— Isso eu já aprendi, Nina. Posso lhe falar uma coisa?

— Sim, claro.

— Digo para todas as pessoas que encontro em meu caminho que precisamos crer que Deus nos ama intensamente e que, por nos amar tanto, Ele jamais nos deixaria morrer.

— Isso, continue sua pregação. Deixe suas palavras e seu conhecimento espiritual em todos os lugares por onde passar. Não utilize sua mediunidade para outros fins que não sejam o de fazer o bem, orientar, auxiliar, amparar e amar a todos sem distinção, por ser para isso que está encarnado. É a encarnação a oportunidade perfeita para aperfeiçoar os espíritos.

— Tenho certeza disso, Nina.

— Seja justo, honesto e bom, Osmar.

— Não me faça chorar novamente, Nina.

— Só vivendo uma vida moralmente justa é que o espírito evolui satisfatoriamente.

— Posso lhe perguntar uma coisa que não tem nada a ver com a nossa conversa?

— Claro que sim, mesmo porque o que você acha ser um acaso normalmente somos nós influenciando seus pensamentos, sugestionando a pergunta.

— Sei que os espíritos influenciam muito tudo o que pensamos e fazemos.

— Faça a sua pergunta.

— Eu gostaria de saber, se possível, o que podemos fazer após nosso desencarne, quando nos conscientizamos do tempo perdido. Podemos recuperar o tempo perdido, Nina?

— Como assim?

— Eu só vejo livros que relatam as consequências da vida após a morte, e nunca os benefícios da vida após a morte. Será que consigo reparar meus erros estando desencarnado?

— O que realmente você quer saber? — perguntou a mentora.

— Na verdade, Nina, eu gostaria de escrever um livro que explicasse os benefícios da vida após a morte. Eu acho que é isso…

— Posso lhe dizer uma coisa?

— Claro, Nina.

— Acho interessante que possamos escrever como é a vida após o desencarne e o que você pode fazer para recuperar o tempo perdido. Não seria isso?

— Sim, Nina, é isso mesmo.

— Pois quero lhe fazer um convite.

— Sou seu lápis, Nina.

— Quero que você conheça uma história e relate para todos o quão belo é o amor que nosso Pai tem por todos os Seus filhos. Quero que você escreva que a vida sempre é de aprendizado, seja encarnado ou desencarnado e que as oportunidades de refazer o caminho estão e estarão sempre a disposição dos filhos de Deus. Se quiser, podemos começar a escrever agora mesmo.

— Vou para o escritório e a encontro lá, pode ser?

— Sim, nos encontramos lá — disse a mentora.

— Obrigado, Nina.

— Até já.

— Até.

Naquele momento, me levantei, fui até a cozinha para o meu desjejum e, após a minha prece matinal, me dirigi ao meu escritório, onde faço todas as psicografias.

O dia estava chuvoso e o convite da mentora Nina é sempre algo irrecusável.

Ansioso por mais um livro, me arrumei e corri para o encontro.

Sou muitíssimo grato a Deus pela minha vida, pois tenho muitas oportunidades evolutivas. Aproveito ao máximo cada uma delas, para poder levar a todos os ensinamentos que recebo da vida espiritual.

Não faz nenhum sentido à vida sem uma continuidade e sem oportunidades de reparação. Ele não seria Deus se nos destinasse à morte eterna e não nos permitisse reparar nossas falhas. Esse é o Deus em que acredito e que me é apresentado pelos espíritos em todas as psicografias.

Ele não seria perfeito e amoroso se permitisse que Seus amados filhos, feitos à Sua semelhança, queimassem nas chamas ardentes do inferno.

Como me disse uma vez Nina Brestonini, "o céu e o inferno são portáteis. Carregamos em nós o que melhor nos condiz..."

Vamos à psicografia.

Sejam bem-vindos ao livro *Em Busca do Tempo Perdido*.

“

*Ontem é história. O amanhã, uma possibilidade.*
*Por isso, viva o hoje intensamente, pois essa*
*é a sua realidade.*

”

Osmar Barbosa

## O desdobramento

Como vocês sabem, meus leitores e amigos, todos os livros que escrevo, faço-o em desdobramento. Então, para você que chegou aqui pela primeira vez, vale a pena explicar um pouco sobre esse tipo de fenômeno, por ser dessa forma que me conecto com os meus mentores e psicografo todas as obras já publicadas — e outras que ainda chegarão até vocês.

Na minha infância, eu tinha muitas dificuldades para entender os fenômenos que frequentemente aconteciam comigo. Eu via espíritos constantemente, conversava com eles, brincava com alguns e, por muitas vezes, fugia de outros, pois suas aparências me assustavam — eles eram horripilantes. Eu era apenas uma criança e não conseguia compreender muito bem por que aquilo acontecia comigo.

Com o passar do tempo, comecei a ouvir mais os meus amigos espirituais. Eles passaram a me orientar. Foi aí que compreendi o fenômeno do desdobramento. Eu me sinto um privilegiado, embora a mediunidade não seja um privilégio, mas uma missão a ser cumprida.

Um dia desses, eu perguntei ao Lucas se a mediunidade é uma doença. Ele me disse que a mediunidade não é uma doença, mas que, em alguns casos, pode adoecer. Então, questionei:

— Em que casos, Lucas?

— A mediunidade pode causar doença quando mal exercida, não exercida ou desprezada.

Os espíritos me disseram que a "mediunidade é um dom divino, que divinamente devemos exercer". Por isso, sempre aconselho as pessoas a estudarem muito, estabelecerem logo a sua conexão espiritual corretamente e extraírem dela os benefícios do serviço no bem.

Tudo o que entregamos ao Universo, ele nos devolve em igual porção.

Em termos espíritas, o desdobramento é uma faculdade anímica na qual o espírito encarnado se desliga parcialmente do corpo físico e viaja até os planos espirituais. Esse processo pode ocorrer com ou sem um transe. É uma capacidade intrínseca ao ser humano, que, ao longo da evolução da espécie, desenvolveu a possibilidade de se desembaraçar do corpo material dentro de certos limites, adquirindo alguma sensação de liberdade.

A faculdade de desdobramento é muito utilizada nas reuniões mediúnicas modernas. Através da concentração dos pensamentos, o sensitivo entra em uma espécie de transe, que possibilita esse desprendimento parcial do espírito, e se coloca em condições de exercer tarefas de auxílio, sendo geralmente orientado pelos espíritos instrutores.

Dessa forma, muitas vezes ele é colocado em contato com espíritos sofredores, os quais necessitam de uma palavra amiga e consoladora ou até mesmo de um tratamento através das energias do sensitivo. Suas energias têm uma densidade adequada a esse tipo de atendimento pela sua condição de encarnado, assim como para escrever livros e mensagens de amigos do plano maior.

Apesar de muitos se referirem ao desdobramento como mediunidade, ele é um fenômeno anímico. Para usar o linguajar de Allan Kardec, é um fenômeno de emancipação da alma.

A mediunidade consiste numa intermediação entre os espíritos desencarnados e o mundo material. Desdobrar-se, a *grosso modo*, significa "sair do corpo". Esse simples fato não o torna médium se você não se constitui em transmissor de qualquer informação enviada do plano espiritual para o ambiente terreno.

O desdobramento pode ser considerado uma espécie de mediunidade quando, durante o desprendimento, o sensitivo mantém um contato com a Espiritualidade, recebendo de lá comunicações que devem ser enviadas aos encarnados. Esse é o meu caso.

O desdobramento não ocorre apenas nas reuniões mediúnicas. Ele é um fenômeno corriqueiro e acontece com as pessoas em geral sempre que dormem. É o preâmbulo do sono. Quando o corpo adormece para o necessário repouso, o espírito, parcialmente desligado dele, vai a diversos lugares para realizar as atividades que estejam em afinidade com as suas motivações íntimas. Para entrarmos no estado de sono, antes temos que nos desdobrar, ou seja, afastar-nos vibratoriamente do corpo biológico.

A mediunidade — seja na modalidade de psicofonia, psicografia, audiência, vidência, desenho, pintura etc. — também exige um desdobramento.

Em seu organismo, o médium tem a facilidade de, ao entrar em estado de transe, desvencilhar-se do seu corpo em maior ou menor grau, conforme as características de sua faculdade mediúnica. Isso ocorre a fim de dar ao espírito comunicante a oportunidade de se assenhorear, o que é feito por uma expansão dada ao seu perispírito dos implementos perispirituais e, na sequência, cerebrais do médium.

O sonambulismo bem como a dupla vista, a letargia, a catalepsia e o êxtase são classificados por Allan Kardec como fenômenos de emancipação da alma, tendo o desdobramento como condição para acontecerem. Às vezes, como na dupla vista, esse deslocamento do espírito (sempre com o perispírito) é imperceptível, mas suficiente para fazê-lo enxergar além da realidade física presente.

Há outras situações em que o desdobramento ocorre: no coma, durante o uso de algumas drogas alucinógenas, em certos estados psíquicos classificados como catatonia e em outros casos em que há um alheamento em relação ao meio externo.

Deus, em Sua sabedoria e bondade, concedeu ao homem a capacidade de vez ou outra, retemperar-se no mundo espiritual através da faculdade do desdobramento. Assim, o homem recobra parte das suas faculdades de espírito, como se estivesse descansando da rudeza da vida na matéria e absorvendo energias mais sutis, necessárias ao seu refazimento para continuar o aprendizado aqui na Terra.

Vivendo no ambiente terreno, em meio às dificuldades e aos desafios diários, imerso na atmosfera densa da matéria, o homem pode se aliviar dessas lutas desacoplando-se temporariamente do organismo físico. Com isso, ele retorna ao mundo espiritual e tem contato com espíritos esclarecidos que o orientam, direcionando-se melhor no caminho do progresso.

Sou eternamente grato por ter essa condição e, através dela, trazer as informações que trago nas obras psicografadas. Confesso que, por vezes, sinto-me realmente como um lápis nas mãos dos espíritos. Acho muito gratificante ler as mensagens de gratidão que recebo todos os dias dos meus leitores por ser o mensageiro que instrui e esclarece muitas pessoas sobre o que realmente acontece conosco na vida após a vida.

Nesta obra, eu tive momentos muito difíceis, porque ver sofrimento, seja ele qual for, não me deixa feliz.

Sempre devemos dedicar nossa mediunidade ou nossos dons oferecidos pelos mestres de luz para sermos úteis à sociedade em geral e, dessa forma, cumprirmos nossos propósitos encarnatórios.

Eu acredito, sinceramente, que tudo o que passo na vida tem objetivos evolutivos. O fato de eu ser médium não me qualifica para não passar por situações às vezes revoltantes, mas são as experiências de encarnado que me possibilitam evoluir.

Venha comigo e com a Nina vivenciar uma experiência única, a qual certamente lhe trará outro olhar sobre a vida dos espíritos e sobre como você está dirigindo sua encarnação.

Voltemos ao livro…

*“Em cada acontecimento da nossa vida, há uma mensagem que precisamos ouvir e aprender para podermos nos tornar melhores e viver melhor na vida espiritual.”*

Osmar Barbosa

# EQM – Você já ouviu falar?

Eu decidi escrever sobre a experiência de quase morte (EQM) porque tenho um lindo e emocionante relato a fazer.

Como prometi anteriormente, relatarei a todos vocês o acontecimento que mudou totalmente a minha vida.

Em todas as psicografias que faço, levo um pouco das experiências instrutivas que recebo diariamente, e nesta psicografia não seria diferente.

Vamos entender o que é a experiência de quase morte? Compartilho a seguir uma matéria muito interessante sobre o tema.

**O que viram e sentiram os que estiveram no limiar da morte?**

Pessoas consideradas clinicamente mortas por alguns minutos afirmam, após se recuperar, ter sido transportadas para outra dimensão da existência.

O assunto, classificado como experiência de quase morte (EQM), intriga o ser humano desde tempos imemoriais, sendo objeto de pesquisa do psiquiatra, psicólogo, parapsicólogo e filósofo norte-americano Raymond Moody Jr. há mais de quatro décadas.

O médico já entrevistou milhares de indivíduos — entre estes, pacientes em estágio terminal em razão do câncer, da aids ou de outras doenças graves e aqueles que estiveram em coma devido a acidente ou tentativa de suicídio — em várias partes do mundo, tendo identificado nos inúmeros relatos colhidos muitas semelhanças, mesmo em diferentes culturas e classes sociais. Todos com quem ele conversou narraram situações análogas às de um estado espiritual de consciência.

O Fórum Mundial Espírito e Ciência, da LBV, com suas atividades permanentes, tem fraternalmente reunido, desde 2000, especialistas das diversas áreas da sociedade para tratar desses assuntos de relevância, a exemplo da morte e da vida após ela. Como afirma seu criador, Paiva Netto: "Cizânia, radicalismos, hostilidades de todos os matizes devem permanecer afastados dos debates e das proposições religiosas, filosóficas, políticas, científicas, econômicas, artísticas, esportivas e o que mais o seja, pois o ser humano nasce na Terra para viver em sociedade, Sociedade Solidária Altruística Ecumênica".

Por isso, esta matéria apresenta os principais trechos da entrevista exclusiva que o Dr. Moody concedeu à *Super Rede Boa Vontade de Comunicação* (rádio, TV, publicações e internet), na qual destacou o que tem observado ao longo desses anos de estudo acerca da EQM, bem como avaliou questões investigativas, éticas e de transformação existencial. Vale a pena ler a matéria e meditar sobre o tema, cujo conhecimento é de grande valor para toda a humanidade.

## DEFINIÇÃO DE EQM

**Dr. Raymond Moody Jr.** — Experiência de quase morte é uma forma de consciência transcendental ou um estado alternativo de consciência que acomete o indivíduo que se encontra em um estado fisiológico extremo. O coração pode parar, e a respiração também, mas, mesmo assim, do ponto de vista desse indivíduo, ele entra num estado muito profundo de consciência transcendental.

## O QUE AS PESSOAS DIZEM AO SAIR DESSE ESTADO

**Dr. Moody —** Elas deixam o corpo físico, passam por um túnel e entram em uma dimensão sobre a qual todas — não importa quão articuladas e educadas sejam — dizem que simplesmente não existem palavras para descrever a sensação [do que sucede nela], pois isso está além do que pode ser expresso pela linguagem. Entram em uma dimensão que é muito mais real que a física, na qual estamos agora; percebem uma luz que traz muito conforto, alegria e amor; encontram parentes ou amigos que morreram e que parecem estar lá para recebê-las, saudá-las e ajudá-las durante a transição.

Ao retornarem, contam que, em um instante, veem tudo que fizeram em um tipo de holograma e recapitulam cada ato de sua vida, não do ponto de vista que tinham quando aquela ação ocorreu. Em vez disso, elas se identificam empaticamente com quem interagiram naquele momento.

Assim, caso se vejam realizando algo maldoso a alguém, sentem tristeza. Quando é algo gentil, vivenciam os bons sentimentos do que fizeram. Então, voltam dizendo que não têm mais medo da morte, porque a experiência que tiveram as convenceu de que o que chamamos de morte é uma transição para outra realidade, e que o importante nesta vida é aprender a amar.

Já viajei por todos os continentes, exceto pela Antártida, e em todos os lugares ouço o mesmo tipo de história.

*O médico norte-americano Raymond Moody Jr. é o criador da expressão "experiência de quase morte". Em 1975, ele consagrou a sigla EQM ao lançar seu primeiro livro, Vida depois da vida, no qual traz cem relatos de indivíduos que passaram por morte clínica. A obra tornou-se best-seller internacional, com mais de 13 milhões de exemplares vendidos.*

## DEPOIS DO ROMPIMENTO, O QUE MUDA?

**Dr. Moody —** É comum que muitas pessoas que tiveram uma EQM nos contem, quando retornam, que a relação delas com a religião se tornou menos restrita a uma denominação doutrinária específica. Em outras palavras, elas nos dizem que a experiência lhes ensinou que todas as grandes religiões têm uma abordagem interessante do assunto. De forma geral, essas pessoas declaram que se aproximam de descrições mais holísticas. Voltam dessa experiência e afirmam: "Sim, existe uma dimensão espiritual". Não importa exatamente qual ideologia religiosa elas tenham.

## SOBRE O SER DE LUZ QUE APARECE NAS EQM's

**Dr. Moody —** Pessoas de todo o mundo me relatam que, frequentemente, a retrospectiva de sua vida ocorre na companhia de um ser de luz, dotado de total compaixão e amor, que as ajuda durante esse processo, chama a atenção delas para determinados aspectos e as auxilia a entendê-los. Cristãos tendem a enunciar que é Cristo. Judeus afirmam ser Deus ou um anjo. Estive na Índia, e lá muita gente me disse que esse ser era a luz da compaixão. Às vezes, as pessoas definem esse ser de acordo com seu contexto cultural, mas a descrição dele parece similar em todo o planeta.

## RELAÇÃO ENTRE TEMPO E DURAÇÃO DE UMA EQM

**Dr. Moody —** Talvez não seja correto falar em duração de uma EQM, porque as pessoas revelam que, assim que entram nesse estado, o tempo desaparece. Uma mulher afirmou: "Raymond, você pode dizer que minha experiência durou um segundo ou dez mil anos. Não faz a menor diferença." Portanto, o tempo não é um fator, exceto quando [as pessoas] narram a experiência, [caso em que] elas precisam de uma referência temporal, porque a linguagem é sequencial.

Agora, uma coisa podemos assegurar: quanto mais durar a parada cardíaca de uma pessoa, mais envolvente e complexa se tornará, aparentemente, a EQM. Por exemplo, alguém que teve uma parada cardíaca momentânea conseguirá contar apenas um, dois ou três detalhes, como "saí do meu corpo e comecei a passar por um túnel", enquanto os que tiveram uma parada cardíaca mais demorada poderão revelar cinco, seis ou sete pontos comuns.

Os que sofrem paradas cardíacas incrivelmente longas (...) nos relatarão, normalmente, histórias mais complexas. Podemos dizer que a duração da EQM é possível de ser medida mais pelo aspecto da complexidade do que pelo do tempo.

## EVIDÊNCIAS CIENTÍFICAS E NOVOS MEIOS DE INVESTIGAÇÃO

**Dr. Moody** — Até este momento, a noção de que existe vida após a morte não é cientificamente válida ou inválida, mas isso não quer dizer que não seja relevante. (...) A questão de como verificar uma experiência transcendental ainda é muito vaga.

Você quer saber se vejo maneiras de fazer isso no futuro? Sim, vejo. Acho que teremos de expandir nossa lógica. Talvez a objeção mais séria levantada contra a tese da vida após a morte seja a de que [essa tese] é ininteligível. Acredito muito que podemos trabalhar nela daqui em diante, pois o fato de algo ser ininteligível não é mais um obstáculo para a investigação racional.

É preciso um novo sistema de lógica que nos permita refletir acerca de coisas que até agora não fazem sentido. Nessas condições, encontraremos aspectos de nossa mente que não sabíamos que tínhamos. A mente tem capacidade plena para computar coisas ininteligíveis ou pensar sobre elas de forma racional, coerente e lógica.

## SEM MEDO DA MORTE

**Dr. Moody** — Pessoas que vivenciaram uma EQM afirmam sempre que não têm [mais] medo da morte. Para aqueles que estão com saudade de seus entes queridos que morreram, elas dizem que nós os veremos novamente. (...) Essas experiências confortam quem está passando pelo luto. Eu já vi isso repetidas vezes, desde a primeira vez que comecei a falar sobre o assunto em público, em 1970. (...) O episódio que chamamos de vida é somente uma pequena parte de algo bem maior.

No instante da morte, nossa consciência é, de alguma maneira, transmitida para um estado de realidade maior e mais inclusivo. O objetivo disso parece ser, de algum modo, algo que achamos muito difícil de conceituar no estado em que nos encontramos agora, [algo] que faz parte de um progresso.

Ouço pessoas dizerem que o desenvolvimento de nossa alma e de nossa vida continua em outra dimensão da realidade após o evento que chamamos de morte.

## EQM's E SUICÍDIO

**Dr. Moody** — Já foram realizados estudos que indicam que o conhecimento sobre EQM's tende a diminuir a ideação suicida. Sabemos de indivíduos que tiveram EQM como resultado de uma tentativa de suicídio.

Eles nos disseram que nunca mais tentarão matar-se, [pois] aprenderam com a experiência que, mesmo quando os tempos são difíceis, a vida tem um propósito.

Também nos contaram que perceberam que, caso a tentativa de suicídio tivesse dado certo, precisariam ver a tristeza e a dor que aquela ação causaria nas pessoas queridas, as quais deixariam para trás.

**Matéria retirada do portal Espiritualidade Ecumênica.*

"

*Se a vida se resumisse a somente uma encarnação, não faria sentido a existência de Deus.*

"

Osmar Barbosa

# Minha experiência de quase morte

Como pudemos ler no texto anterior, aqueles que passam pela experiência de quase morte têm suas vidas modificadas, e esse é o meu caso.

Tive uma infância muito difícil. Nasci em uma família muito pobre, mas feliz.

Perdi a minha mãe quando tinha somente 14 anos. Foi em um domingo, dia 15 de dezembro de 1974. A minha mãe e o meu padrasto saíram para almoçar e, ao dormir ao volante, ele chocou o seu carro contra uma carreta carregada de abacaxis.

Fernando, meu padrasto, teve morte imediata. Já minha mãe e minha avó, que também estava no carro, foram levadas para o hospital mais próximo.

Após acordar e dar o endereço de nossa casa e mais algumas informações, minha mãe teve uma hemorragia interna e faleceu.

A minha avó, após quase seis meses de internação, teve alta e passou a cuidar de nós. A coitada quase não sobreviveu.

Foram tempos muito difíceis, pois tive que deixar os estudos e trabalhar para auxiliar no sustento de minhas duas irmãs, que passaram a morar com uma tia. Meu tio exigia que eu trabalhasse em seu comércio para pagar as despesas relacionadas a mim e às minhas irmãs.

A vida foi passando. Aos 18 anos, eu finalmente consegui um bom emprego. Fui contratado por um banco como mensageiro, o que chamamos hoje de *office boy*.

Sempre fui muito dedicado e curioso, e a curiosidade, o empenho e a dedicação me levaram longe na carreira bancária.

Tanto que, aos 23 anos, me tornei operador de valores do banco junto ao mercado financeiro, o que me rendia um extraordinário salário. Assim, consegui muita coisa ainda muito jovem.

Eu havia acabado de me separar da minha primeira esposa e havia alugado um lindo apartamento, onde eu era muito feliz.

Havia acabado de comprar meu primeiro carro. Eu estava vivendo o melhor momento da minha vida. Tinha dinheiro suficiente para ajudar não só as minhas irmãs, mas também todos os que eu mais gostava.

Era um domingo de sol quando meu cunhado, esposo da minha irmã, me convidou para uma partida de futebol em um bairro distante.

Feliz, me preparei e fui ao encontro dos amigos de infância para um domingo de futebol.

O jogo era desafiador, pois o time que ganhasse a partida ficaria com o mando de campo. Assim, meu cunhado se preocupou em chamar os melhores. Modéstia à parte, eu era, na época, o melhor goleiro que existia no bairro.

Resultado, estávamos ganhando de goleada. Foi quando um rapaz entrou no campo perto de mim, pegou a bola e disse que não haveria mais futebol ali.

Foi combustível suficiente para uma briga generalizada. O que não havíamos maldado é que isso era, na verdade, uma armação. Eles queriam arrumar uma confusão para fazer o que fizeram.

Um rapaz se aproximou e começou a atirar em mim com um revólver calibre 38.

Ele me acertou cinco vezes e eu caí ao solo, sangrando muito.

Para a minha sorte, um menino que estava assistindo ao jogo correu para a via principal para fugir do local. Foi quando ele avistou uma viatura policial e informou o que estava acontecendo.

A polícia imediatamente se dirigiu ao local e me socorreu, me levando para o pronto-socorro mais próximo.

Eu sempre vi espíritos, como relatei anteriormente, mas nunca me relacionei com nenhuma religião — eu disse nenhuma.

Em minhas crises de vidência, minha mãe me levava à igreja católica ou até a casa da minha avó, que era rezadeira, e as coisas melhoravam.

Ao chegar no pronto-socorro, os médicos puderam constatar a gravidade do meu caso e me encaminharam para o centro cirúrgico após alguns exames de imagem.

Equipe preparada. Eu, deitado na maca, implorava aos médicos que me apagassem, pois não suportava a dor que dilacerava meu peito.

Como disse, foram cinco tiros que me atingiram: um no ombro direito; um no braço esquerdo; outro, no mesmo braço, perfurou meu peito e saiu muito próximo à região do coração; um na minha costela esquerda — esse me tirou um rim —; o último passou ao lado da minha sobrancelha, onde há a marca até hoje. Esse último tiro passou tão perto que pude ouvir a bala.

Meu estado era extremamente grave. Os médicos disseram para a minha família que as chances eram pequenas devido às lesões provocadas pelas balas e que eu precisaria de um milagre para sobreviver.

Ao me deitarem na maca do centro cirúrgico, uma médica se aproximou do meu ouvido e disse:

— Osmar, nós vamos apagá-lo agora…

Naquele instante, uma forte luz adentrou o centro cirúrgico e eu fui sugado para um enorme túnel de luz. Engraçado é que esse túnel nos atrai. Eu não tive como me livrar dele.

Olhei para trás e vi meu corpo sobre a maca e os médicos desesperados, tentando algo que não sei até hoje.

— Morri — disse a mim mesmo.

Eu tinha certeza de que os tiros haviam tirado minha vida. É impressionante como a consciência não nos deixa nessa hora. Tudo é muito real.

Entrei naquele túnel mesmo sem querer, como disse… É incrível, pois a luz é intensa, mas não ofusca nossa visão.

Cheguei a um lugar muito bonito, um jardim imenso, onde algumas pessoas dançavam uma música que até hoje ainda não ouvi nada parecido.

Eu estava extremamente aborrecido e xingava Deus:

— Como assim, morrer tão jovem? Por que permitiu que isso acontecesse comigo, Deus? Minha família, meu filho, como viverão sem mim?

Eu estava realmente muito aborrecido.

Olhei para o meu lado e percebi haver um pequeno banco, desses de ripas que encontramos facilmente nas praças de nossos bairros, espalhados pelo nosso país.

Decidi me sentar para me acalmar.

O ódio me fazia xingar Deus... Eu não entendia por que Deus tinha permitido que minha vida fosse ceifada daquele jeito. Eu nunca havia feito mal a ninguém...

Fiquei sentado olhando aquelas pessoas que dançavam, se divertiam e nem sequer olhavam para mim. Algumas até sorriam, mas não diziam nada.

Pensei que estava no paraíso e que aquelas pessoas ou espíritos eram anjos.

Até agradeci a Deus por não ter ido para o inferno.

Eu me acalmei e aceitei a minha morte. Achava que estava no céu, pois era nisso que eu acreditava...

Fui me acalmando lentamente e comecei a ficar triste, pois estava ali sentado sozinho, sem ao menos saber onde estava.

Havia Deus me abandonado porque O xinguei?

Foi quando minha mãe apareceu por detrás de mim.

Olhei para ela e minha reação imediata foi pular em seus braços e abraçá-la como nunca.

— Mãe...

— Oi, filho.

— Mãe, que bom que você está aqui!

O mais impressionante de tudo isso que relato a vocês é que, em nenhum momento desse trágico acidente, eu chamei ou pensei em minha mãe. Já havia se passado 12 anos de sua morte.

Vale lembrar também a todos vocês que estão lendo esta obra que eu havia perdido a minha mãe aos 14 anos. Ela tinha somente 32 anos quando morreu naquele acidente de carro com meu padrasto.

— Mãe — repeti enquanto a abraçava fortemente.

Então, ela me puxou para nos sentarmos no banco.

Ao sentar-se, ela guiou a minha cabeça carinhosamente para que eu me deitasse em seu colo.

E assim o fiz, deitando minha cabeça sobre suas pernas.

— Mãe, que saudade! — disse, apaixonado.

— Meu filho, fique calmo. Está tudo bem!

— Mãe, que saudade eu estava de você!

— Eu também sinto muita saudade de todos vocês.

— Ah, mãe, como é bom estar aqui ao seu lado!

— Eu sei, meu filho, mas eu preciso lhe dizer uma coisa.

— Diga, mãe.

— Filho, você vai ter que voltar.

— Eu… voltar? Nem pensar, mãe. Eu quero ficar com você.

— Meu filho, você vai ter que voltar.

— Mas, mãe, eu não quero voltar. Quero ficar com você. Eu não tenho nada que me interesse lá. Quero ficar ao seu lado. Estou com muita saudade de você, mãe.

Confesso a vocês que eu posso sentir até hoje os dedos da minha mãe acariciando meus cabelos e a pele de seu rosto quando a beijei incansavelmente naquele dia.

— Filho, você vai ter que voltar. Olhe, seja justo, honesto e bom.

— Mas, mãe…

Acordei… Haviam se passado alguns dias. Eu estava entubado no CTI.

Logo uma enfermeira se aproximou de mim e me tirou dos tubos.

Eu estava muito aborrecido por voltar. Queria ter ficado com a minha mãe. E olhe que eu nunca — mas nunca mesmo, eu juro a vocês — havia ouvido falar em vida após a morte e, em nenhum momento do terrível acidente que sofri, pensei ou chamei pela minha mãe, como relatei a vocês. Afinal, já haviam se passado 12 anos de sua partida da vida física e o trauma daquele acidente nem sequer me permitia pensar em algo.

Os dias passaram e eu não contei nada disso para ninguém. Eu não sabia o que havia me acontecido. Como contar isso a alguém? Quem estaria disposto a ouvir minha EQM? Eu nem sequer sabia que o nome do que havia me acontecido era experiência de quase morte...

Algum tempo depois, reencontrei uma menina que era, na verdade, uma paquera de barca. Todos os dias, eu estacionava meu carro próximo à estação das barcas e pegava a barcaça que atravessa até hoje a Baía de Guanabara. Eu gostava de sentir a brisa da manhã em meu rosto enquanto navegava em direção ao centro do Rio de Janeiro, onde ficava o banco em que eu trabalhava.

Nós nos paquerávamos, mas nenhum dos dois havia tomado a iniciativa de se procurar. Naquele dia, ela se aproximou de mim e disse:

— O que houve com você? Por que está tão magro assim? Você está com aids?

— Não, claro que não.

— Mas o que houve?

— Eu sofri um acidente.

— Percebi que você quase não consegue andar.

— É, eu ainda estou me recuperando.

— Mas o que houve?

— É uma história longa.

— Conte para mim…

Essa travessia durava, naquela época, cerca de 20 minutos. E esse tempo não foi suficiente para explicar a ela o que havia realmente acontecido comigo. Eu estava muito envergonhado e muito magro.

Assim, marcamos de voltar juntos à tarde na mesma barca, onde finalmente lhe contei todo o ocorrido.

Então, ela me perguntou:

— Você tem religião?

— Não.

— Já ouviu falar de Allan Kardec?

— Não.

— Já ouviu falar de Chico Xavier?

— Sim, eu já ouvi falar dele. É o cara que escreve cartinhas dos mortos, não é?

— Chico é muito mais que isso, Osmar.

— Agora você me deixou curioso.

— Eu gostaria de lhe fazer um convite. Você topa?

— Claro, pode fazer.

— Quero convidá-lo para uma sessão espírita em minha casa.

— Sessão espírita?

— Sim, a minha mãe faz uma reunião semanal de mesa branca. É quando estudamos o Espiritismo e, às vezes, temos a presença de algum mentor espiritual, que incorpora em minha mãe para nos orientar.

Aceitei de pronto, e foi nessas reuniões que tive o primeiro contato com o Espiritismo.

Frequentei esses encontros por alguns meses, até que, um dia, estávamos reunidos estudando quando um mentor espiritual se manifestou na mãe dela. Ela, então incorporada, se aproximou de mim e disse:

— Boa noite, Osmar.

— Boa noite — respondi educadamente.

— Você sabe quem sou eu?

— Não, não sei.

Percebi ser um homem em um corpo de mulher. Mas não me identifiquei com aquele espírito.

O mais impressionante desse primeiro contato foi que a mãe da minha amiga era muito baixa, mas, quando ela incorporou aquele espírito, parecia ter três metros de altura.

Então, ele disse:

— Já que você não sabe quem eu sou, estou indo embora.

A médium voltou a sentar-se na mesa e o espírito foi embora. Logo em seguida, ela recebeu outro mentor, que se levantou e veio em minha direção, dizendo:

— Boa noite, Osmar.

— Boa noite, senhor.

— Sabe quem eu sou?

— Sim, sei. Só não sei o seu nome.

Ele, então, revelou:

— Sou o seu mentor espiritual, e temos uma missão a cumprir juntos. Temos um trabalho que é preciso realizar.

— Estou ao seu dispor, meu amigo — disse, emocionado.

— Procure um centro espírita sério e desenvolva a sua mediunidade. Temos muito o que fazer.

— Mas, senhor, eu nunca senti nada. Só vejo espíritos, mas não sinto mais nada, nadinha mesmo…

— Procure o centro espírita e deixe o resto comigo.

Assim, meus amigos, estou onde estou…

Após peregrinar por várias religiões, foi no Espiritismo que encontrei as respostas para tudo o que me acontecia desde menino e para a experiência que me levou ao encontro com a minha mãe.

Foi no Espiritismo que encontrei as respostas para os meus mais íntimos questionamentos.

Foi, e é, no Espiritismo que encontro a razão para nunca desistir dos meus sonhos.

Abracei a missão a mim apresentada naquele dia e jamais recuarei, pois aprendi e aprendo todos os dias que não sou um acaso, que nada está ao acaso e que tudo o que me acontece tem um motivo, uma razão. É por isso que trabalho incansavelmente levando as mensagens que me são trazidas pelos espíritos amigos.

Saibam que nunca foi fácil e nunca será, mas Aquele que me julga não está encarnado.

Respeito e cumpro as leis dos homens, mas o que rege minha existência são as Leis de Deus e, por elas, vou aonde for chamado.

Hoje sou autor de muitos livros graças ao dom mediúnico que carrego e pretendo, até o meu último dia de encarnado, continuar escrevendo.

Com o passar dos anos, fundei a Fraternidade Espírita Amor e Caridade. Graças aos recursos oriundos dos livros e à ajuda de muitas pessoas de bem, construímos o Hospital Espiritual Amor e Caridade, instituição filantrópica sem fins lucrativos que atende milhares de pessoas todos os meses no bairro de Itaipu, em Niterói, Rio de Janeiro.

Fundamos, ainda, a Tenda Espírita Santa Catarina de Alexandria, nosso amado terreiro de Umbanda, onde socorremos irmãos necessitados de tratamentos com as linhas de trabalho da Umbanda.

Temos alguns projetos sociais que atendem as comunidades do entorno do nosso hospital.

O Projeto Quilo Fraterno distribui centenas de cestas básicas mensais para famílias devidamente cadastradas em nosso projeto.

O Projeto Aurora Barbosa atende gestantes em situação de vulnerabilidade. Entregamos o enxoval completo do bebê que está por nascer e assistimos mãe e criança durante os primeiros seis meses de vida, doando para essa família cesta básica, fraldas, remédios e tudo o que a criança e a mamãe precisam.

Também temos outros projetos de amparo, pois entendemos que uma porta aberta pela caridade não deve ter cadeado nem, muito menos, portão.

Vamos ao livro…

“

*O Espiritismo não é a religião do futuro. O Espiritismo é o futuro de todas as religiões.*

”

Frei Daniel

# Rafael e Michel

Alguns dias se passaram, até que Nina me procurou novamente para darmos continuidade a esta obra. Eu estava deitado em meu quarto, descansando após o almoço.

Foi quando ela apareceu para mim.

— Oi, Nina!

— Olá, Osmar! Como você está?

— Estou bem e ansioso com o livro que estamos escrevendo.

— Por que está ansioso? Ainda não se acostumou às psicografias?

— Sinceramente?

— Sim.

— Acho que nunca vou me acostumar.

— Por quê?

— Porque cada livro é um universo inexplorado para mim. Toda vez que vocês me procuram para escrever, fico ansioso e louco para conhecer toda a história.

— Há muitas histórias que vocês irão descobrir quando deixarem definitivamente as encarnações.

— Acredito que sim. Deve haver muita coisa que descobriremos quando deixarmos a vida de encarnados.

— Você nem faz ideia do que o espera.

— Eu até imagino que deva ser super, mega, ultra descobrir tudo o que me espera.

— Gostei da sua colocação, Osmar.

— Do que você gostou?

— Super, mega, ultra… legal isso! Vamos dar continuidade ao livro?

— Sim, me dê só um minutinho, tempo para eu chegar ao escritório.

— Estou indo e o espero lá.

Naquele momento, me levantei rapidamente e me dirigi ao escritório, onde faço as psicografias.

Não demorou muito e ela chegou.

— Vamos?

— Vamos, mas eu estou muito curioso, como lhe disse.

— Não fique. Ansiedade não faz bem.

— É uma curiosidade boa, Nina.

— Você veio muito rápido para cá — disse ela, olhando para mim.

— Na verdade, esse é meu nível de curiosidade.

— Deixe-me contar uma história para você, pode ser?

— Claro, sou seu lápis.

— Venha! Venha conhecer o Michel.

— Quem é Michel?

— Um amigo cuja história você vai poder relatar.

— O meu cunhado se chama Michel. Não é ele, né, Nina?

— Não. Não se preocupe, é outro Michel.

Eu só conseguia pensar: "Ainda bem..."

Em desdobramento, eu a segui até chegarmos a um apartamento, acho que em São Paulo.

Quando chegamos, pude ver um rapaz muito bonito, de estatura mediana, atlético, deitado em um sofá lendo o que me parecia ser um livro.

Infelizmente, não consegui ver a capa.

— Esse é o Michel, Nina?

— Sim. É ele. Observemos.

Poucos segundos depois, outro rapaz abriu a porta principal e entrou no apartamento.

Michel, ao escutar o barulho das chaves na porta, se sentou no sofá após fechar o livro que estava lendo e colocá-lo em uma pequena mesa ao lado.

Ele colocou as duas mãos embaixo das pernas e ficou ali, sentado à espera de quem chegasse.

Pude ver em seu rosto uma alegria. Ele ajeitou os longos cabelos com a mão esquerda e voltou a colocar as duas mãos embaixo de suas coxas.

A porta se abriu e outro rapaz adentrou o lugar. Ambos sorriram.

— Está me esperando?

— Sim.

— Mas você já deveria estar deitado.

— Não sem antes ver você.

— O que houve?

— Rafael, o fato de esperar por você não significa que algo esteja acontecendo.

— Mas normalmente, a esta hora, você está dormindo.

— Preparei um sanduíche para você.

— Um lanche?

— Sim. Sei que você chega cansado do trabalho e imaginei que estaria com fome.

— Você acertou. Não havia nada na rua que me enchesse os olhos.

— Venha — disse Michel, levantando-se e dirigindo-se à cozinha.

Ao chegarmos à cozinha, onde havia uma bancada dessas modernas, pude reparar que havia uma tigela com alguns sanduíches e uma jarra com suco, que Michel pegou na geladeira e disponibilizou ao lado de dois copos.

— Sente-se e coma — disse ele, me parecendo feliz.

Rafael se sentou em um banco alto e debruçou-se sobre a toalha da bancada, dizendo:

— Você jura que fez isso tudo para mim?

— Por que você está estranhando? Eu sempre cuidei muito bem de você.

— Sim, mas você quase não tem tempo para nós. É plantão em cima de plantão, cirurgia atrás de cirurgia... O que deu na sua cabeça hoje?

— Hoje decidi cuidar do meu amor.

— Assim me sinto lisonjeado.

— Você sabe o quanto eu te amo.

— Eu sei, mas você não precisa se preocupar comigo.

— Meu amor, se tem alguém que me preocupa nesta vida, esse alguém é você.

— Você tem sua mãe, seu pai e sua irmã. Todos merecem seu amor e carinho.

— Realmente, sou muito grato aos meus pais e à minha irmã. Amo todos eles, mas agora tenho uma vida ao seu lado e é dessa vida que quero cuidar. Ande, coma...

Rafael pegou um dos sanduíches e começou a comer.

— Gorgonzola?

— Não é o que você ama?

— Sim, meu amor. Obrigado!

— Coma tudo. Vou preparar nosso quarto.

— Já estou indo.

Michel deixou a cozinha e se dirigiu ao quarto, onde retirou o lençol e ajeitou os travesseiros.

Após um banho e um pouco de conversa, Rafael se deitou e dormiu ao lado de Michel.

Nina e eu estávamos no canto esquerdo do quarto quando ela disse:

— Olhe e anote tudo agora, Osmar.

— Pode deixar, Nina.

Então, dois espíritos muito evoluídos chegaram, saindo de um enorme túnel de luz de cor amarelada.

— Oi, Nina! — disse a mentora.

— Oi, Norma! Como você está?

— Estou muito bem. E vocês, em Amor e Caridade?

— Estamos trabalhando bastante.

— Vejo que está acompanhada de um escritor?

— Sim, é o Osmar. Ele é quem escreve meus livros.

— Deixe-o à vontade para mostrar tudo o que temos que relatar sobre o Michel.

— Sim, ele já está acostumado.

Então, o outro mentor se apresentou:

— Olá, Nina! Como vai?

— Estou bem, Herculano. E você?

— Como a iluminada amiga pode observar, cuidando dos meus assistidos.

— Você é o mentor do Michel? — perguntei, curioso.

— Não, eu sou o mentor do Rafael.

— É ótimo vê-los — disse Nina, abraçando os espíritos iluminados que tinham acabado de chegar.

— Venha, Norma. Vamos ao trabalho.

— Com licença, Nina — disse a mentora, afastando-se de nós.

— Fiquem à vontade — disse Nina.

Naquele momento, um enorme clarão invadiu todo o quarto. Muitos fluidos deixavam as mãos de Norma e Herculano e cobriam os corpos de Rafael e Michel.

Confesso a vocês, meus amigos leitores, que eu nunca havia visto nada igual — e olhe que já estou com mais de 50 livros lançados. Foram muitas idas e vindas às cidades espirituais, mas eu nunca havia visto nada igual.

Uma cachoeira fluídica banhava os corpos dos jovens, que estavam deitados, dormindo em sono profundo.

Vi naquele momento quando Michel e Rafael foram tirados dos seus corpos e levados por Norma e Herculano para dentro do túnel, que permanecia aberto.

Eles estavam inconscientes. Na verdade, estavam dormindo em sono profundo.

Seus corpos espirituais flutuavam ao lado de seus mentores, indo em direção ao plano espiritual.

Logo pensei: “Será que elcs dcsencarnaram?” A curiosidade não me deixou esperar os acontecimentos.

— Nina — disse baixinho.

— Fique calmo. Já vou explicar para você.

Calei-me à espera dos acontecimentos.

Naquele instante, eu percebi que alguns auxiliares chegaram para ajudar Norma e Herculano na tarefa do transporte dos rapazes.

Logo tudo se acalmou. O túnel se fechou parcialmente e ficamos apenas eu e Nina no quarto vazio e iluminado de Michel.

— Agora posso falar, Nina?

— Pode.

— O que houve com eles? Morreram?

— Não. Não morreram. Eles estão dormindo, você não viu?

— Sim, eu vi. Mas vi também eles serem levados para outra dimensão, dentro daquele túnel de luz.

— Olhe com atenção, Osmar.

— Olhar o quê?

— Veja que o cordão de prata está ativo.

Naquele momento, olhei novamente para a cama e vi que Rafael e Michel estavam ali dormindo e, de seus corpos, saía um fino cordão de prata que adentrava o espaço vazio que ficou entre o quarto e o túnel de luz semiaberto.

— Isso é o cordão de prata?

— Sim, esse fino cordão é o que mantém o corpo vivo enquanto o espírito é levado aos planos espirituais.

— O que acontece se esse cordão se romper?

— Eles desencarnam.

— Meu Deus, que perigo!

— Perigo nenhum. Tudo está em conformidade com a Criação Divina.

— Quer dizer que seus espíritos saíram do corpo, tendo sido levados para as cidades espirituais, e o que os mantém vivos aqui na Terra é esse fino cordão?

— Exatamente. Esse fino cordão é chamado de cordão de prata.

— Sim, eu já li muito sobre o cordão de prata, mas nunca tinha visto assim tão de perto.

— Há muita coisa que vocês ainda precisam saber sobre os fenômenos espirituais.

— Deus, como és perfeito! — disse, impressionado.

— Verdade.

— Eles foram para onde, Nina?

— Foram levados por seus mentores para experiências extrafísicas que os aperfeiçoam e melhoram suas condições perispirituais, capacitando-os a experiências mediúnicas que os aperfeiçoam para auxiliar todos que, de alguma forma, se relacionam com eles.

— Você pode nos explicar isso melhor?

— Todos têm mentores espirituais. O que nos aproxima de vocês são as transformações íntimas, o estudo sistematizado e a compreensão de que há algo além da vida corpórea. Caso você não se interesse pela Espiritualidade que o cerca, essa relação, embora existente, torna-se menos frequente, pois o que me possibilita estar sempre por perto é a sintonia criada entre nós.

"Michel e Rafael são médiuns e, mesmo sem que percebam, auxiliam os mais necessitados, pois a mediunidade não é, e nunca foi, uma doença. Mas, é claro, existem diversas formas de exercê-la. A mediunidade é um benefício para o espírito encarnado e os demais que estão próximos daquele que tem esse dom.

"Tudo é sintonia, desejo e união, quando se trata de Espiritualidade. Assim, quanto mais acesso tenho a você, mais posso ajudá-lo, e vice-versa."

— Eu também a ajudo, Nina?

— Nós nos ajudamos.

— Como eu a ajudo?

— Fazendo o que está fazendo agora, por exemplo.

— Escrevendo?

— Exatamente. Você é quem me dá voz no plano físico através das obras que psicografa. Eu não estou mais encarnada. Preciso de suas palavras para me comunicar. Assim, você me ajuda e eu o ajudo dentro das minhas possibilidades e de seus merecimentos, é claro.

— Meu Deus!

— O que tem Deus?

— Como é perfeito!

— Disso, sabemos.

“Ao dormir, Osmar, seu corpo, necessitado de descanso, apaga temporariamente sua mente, o que nos possibilita transportar o espírito para outras dimensões.

“Quando chega aos planos superiores, instruímos nosso assistido naquilo que é necessário para a encarnação atual. Na maioria das vezes, você não se lembra de nada, pois aquilo que colocamos à sua disposição são instruções evolutivas que vão além da encarnação.

“O corpo que usa encarnado é limitado e está em acordo com o plano material e espiritual em que vive.

“Ao sair do corpo e adentrar as esferas espirituais, o corpo logo ganha outra forma, outra dimensão. Assim, é mais fácil para nós o instruirmos quando o corpo está dormindo. Mas o espírito, anote isto, nunca dorme, pois o espírito não cansa, ao contrário do corpo, que, como disse, é limitado.

“Tudo está conectado e nada se perde em se tratando de evolução espiritual.”

— Quer dizer que, quando durmo, você me leva às cidades espirituais para que eu possa estudar e aprender coisas que serão necessárias em algum momento de minha encarnação? É isso?

— Isso. Mas vale lembrar que só podemos fazer isso quando o nosso assistido está em perfeita conexão conosco. Tem de haver uma sintonia, além, é claro, de permissão.

— Como estabeleço essa conexão, ou essa sintonia?

— Sendo cristão.

— Tenho que ter uma religião, Nina?

— O verdadeiro cristão não é um religioso. Nós não queremos saber da igreja que você frequenta. Para nós, o importante é a igreja que você é, aquela que você pratica quando ninguém vê.

— Isso eu já aprendi, Nina. E é por isso que sou um pensador do Espiritismo.

— Muito bem, Osmar. Continue assim.

— Jamais me prenderei a uma doutrina, seja ela qual for. Nasci livre, estou livre e eternamente livre serei.

— Deixe eu lhe dizer uma coisa.

— Diga, Nina.

— Sei que o que vou dizer reflete muito bem o seu coração, pois estou ao seu lado desde o dia em que encarnou e pude acompanhar até hoje tudo o que você viveu e está vivendo.

— Lá vem você…

— Osmar, "não ajunteis tesouros na terra, onde a traça e a ferrugem tudo consomem, e onde os ladrões minam e roubam. Mas ajuntai tesouros no céu, onde nem a traça nem a ferrugem consomem, e onde os ladrões não minam nem roubam. Porque onde estiver o vosso tesouro, aí estará também o vosso coração."

— Mateus...

— Sim, nosso nobre instrutor.

— Eu sempre pensei assim, Nina. Por vezes, me pego pensando em tudo o que doei, em tudo o que deixei para outras pessoas, e olhe que não foram poucos bens... Mas algo dentro de mim não me deixa me arrepender. Sei que fui injustiçado por quase todos que tanto ajudei, mas penso que esses tesouros nunca me pertenceram.

— Osmar, seu maior tesouro não está onde seu corpo perece. Seu tesouro está onde a vida não termina.

— Nossa, Nina, agora você me emocionou.

— Emocione-se... Você merece.

— Sabe, Nina, esta minha encarnação não tem sido nada fácil. Posso lhe confessar uma coisa?

— Sou sua mentora, lembra?

— O que seria de mim se não fosse você?

— Um dia, nos sentaremos em algum lugar e eu vou poder lhe explicar tanta coisa, mas tanta coisa…

Caí em lágrimas…

— Quando converso com vocês, meu coração se enche de paz. Não sei explicar isso.

— As cidades espirituais, os planos transitórios, são lugares de muita paz. Fique certo disso, Osmar.

— Quando olho para trás e vejo o que determinadas pessoas fizeram comigo, fico triste. Sabe, Nina, graças a Deus, eu não consigo sentir ódio de ninguém. Tenho mágoas que me ferem sempre que as visito em meu passado, mas só isso, mágoas…

— Isso é bom e o torna um ser melhor. Creia…

— Eu creio.

— Lembre-se sempre de que todos os espíritos encarnados trazem ao seu lado um mentor ou uma mentora espiritual. Confie no bem, pratique o bem e faça o bem sem olhar a quem.

"Toda caridade exteriorizada traduz o que você carrega por dentro.

"Os olhos do Pai estão sempre abertos para aqueles que, de alguma forma, iluminam o outro.

"O outro é e será sempre seu objetivo, Osmar. Portanto, continue firme em seu trabalho. Não esmoreça diante da dificuldade ou da ingratidão.

“Sempre que você dedica seu tempo e seus sentimentos sinceros ao amparo ao outro, Deus sorri, porque a felicidade de Deus está em ver Seus filhos unidos em propósitos de amor.

“Deus é amor, Osmar.”

— Sem palavras, Nina...

— Rafael e Michel já lhe foram apresentados. Agora preciso ir rapidamente à colônia.

— O que você quer que eu faça agora?

— Fique aqui e se prepare. Vamos dar continuidade a este livro.

— Está bem, Nina. Vou me preparar e esperar por você.

— Não vou demorar. Só preciso me encontrar com alguém que quero que você conheça.

— É isso.

— Isso o quê?

— É tudo isso que me fascina.

— A vida espiritual é fascinante, Osmar.

— Eu creio.

— Até breve!

— Até, Nina!

Assim, aproveitei a pausa para organizar algumas coisas e fiquei à espera da minha querida mentora espiritual.

"

*A vida é uma constante descoberta...*

"

Osmar Barbosa

# Outra vez

Alguns minutos se passaram, até que fui novamente procurado por Nina, que chegou trazendo ao seu lado uma moça.

— Oi, Osmar!

— Oi, Nina!

— Quero lhe apresentar a Lúcia.

— Oi! Muito prazer em conhecê-la — disse.

— O prazer é todo meu, Osmar.

— Osmar, a Lúcia vai levá-lo para lhe mostrar uma coisa do passado de Michel.

— Sim, podemos ir.

— Está tudo pronto mesmo?

— Sim.

— Não está se esquecendo de nada?

— Poxa, me desculpe.

Nina me olhou carinhosamente. Eu não havia me preparado realmente para começar a escrever.

Após me preparar, disse:

— Estou pronto. Podemos ir, mas, antes, quem é Lúcia, Nina?

— Ela mesma vai explicar para você. Vá com ela que, durante a psicografia, você entenderá por que é ela quem precisa ter voz neste livro.

— Ok, sem problemas.

— Vamos, Osmar — disse a jovem, saindo da minha sala.

Imediatamente, eu a segui em desdobramento.

Pouco tempo depois, chegamos a uma vila em alguma cidade que acreditava ser na Europa. Curioso, logo perguntei:

— Onde estamos, Lúcia?

— Na França.

— Que lugar lindo! Como se chama esse lugar?

— Èze. É uma vila bem antiga.

— Parece uma cidade medieval.

— Sim, é bem antiga.

— Você viveu aqui?

— Sim. Foi aqui que conheci Michel e Rafael.

— Você é um espírito que está ligado a eles?

— Estamos em um tempo diferente do tempo em que você está. Na verdade, eu o trouxe para visitar o nosso passado, e é neste lugar que quero lhe mostrar como tudo começou.

— Mas quem é você?

— Eu me chamo Lúcia, como lhe disse. Vivi a maior experiência da minha vida aqui neste lugar.

"Sou de origem latina. Como lhe disse, estou ligada a Michel e Rafael por muito tempo. Na verdade, por outra vida que não é esta que vou lhe mostrar.

"Atualmente, trabalho auxiliando Norma, que é a mentora espiritual de Michel. Algumas vezes, ajudo Herculano, que, como já lhe foi dito, é o mentor espiritual de Rafael."

— Você está ligada a eles há quanto tempo?

— Aproximadamente 300 anos.

— Trezentos anos?

— Sim. O que o assustou?

— Como pode alguém ficar ligado a outro espírito por tanto tempo?

— O tempo é relativo. Para vocês, que estão encarnados, 300 anos realmente é muito tempo. Mas, quando você desencarna, percebe que o tempo, na verdade, é algo insignificante em se tratando de vida eterna.

— Pensando assim, realmente, o que são 300 anos para um espírito eterno?

— Um dia, uma semana, um mês… isso depende muito da sua importância.

— Eu entendi.

— Venha, preciso lhe mostrar uma coisa.

Caminhamos por uma rua estreita rodeada de paredões de pedra. Parecia que, acima de nós, havia outra cidade.

Ao olhar para a minha esquerda, eu vi um lindo oceano. Por alguns segundos, admirei a beleza daquele lugar.

Chegamos a uma pequena cabana.

— Venha, vamos entrar — disse Lúcia.

Ao entrar na pequena choupana de apenas um cômodo, eu vi que havia um rapaz deitado em uma cama.

O menino tinha deficiência. Logo percebi se tratar de alguém com necessidades especiais.

No pequeno fogão a lenha, uma senhora bem baixinha cozinhava algo para o almoço.

Entramos e nos colocamos à direita da cama. Lúcia olhou para mim e, com o dedo indicador sobre os lábios, me pediu silêncio.

Entendi que deveria ficar calado e que ela não queria que eu fizesse qualquer tipo de pergunta naquele momento.

Um rapaz chegou e adentrou o lugar.

Naquele momento, percebi estar muito frio, pois, ao chegar, o jovem retirou um casaco pesado e um par de luvas. Ele deixou suas botas do lado de fora da humilde residência.

— Cuidado para não sujar a casa — disse a senhora.

— Pode deixar, mãe.

Após retirar as vestimentas, o rapaz se sentou à pequena mesa de apenas quatro lugares.

A senhora, então, arrumou um prato de comida e serviu o rapaz.

— Só tem isso para comer?

— É o que temos para hoje.

— O frio está queimando tudo lá fora, mãe.

— Este inverno está bem rigoroso.

O rapaz começou a comer. Quando a senhora lhe trouxe um pedaço de pão, ele o molhou no caldo da comida e, parecendo esfomeado, continuou comendo sem mais nada dizer.

A senhora se sentou à mesa e ficou admirando o rapaz comer.

— Precisamos decidir o que faremos com o seu irmão.

— Eu já dei a minha opinião sobre o que devemos fazer.

— Eu não acho certo levá-lo para aquele lugar.

— É melhor do que você ficar se matando para cuidar dele. Você já não tem mais saúde.

— Se você me ajudasse, não iríamos precisar de mais ninguém.

— Eu já lhe disse, eu não vou cuidar de um aleijado.

— Mas ele é seu irmão.

— Não importa.

— Você é o culpado por ele estar assim.

— Foi um acidente.

— Até hoje, Michel, eu não acredito na sua história.

— Mãe, você acha mesmo que eu iria fazer mal ao Pierre?

— Como ele cairia daquela altura se você não o tivesse ajudado a subir na rocha? Pode me explicar?

— Já contei essa história um milhão de vezes. Eu estava distraído, daí ele subiu na rocha e caiu lá de cima, quebrando a coluna.

— Você poderia me ajudar a cuidar dele? Eu não acho justo deixarmos ele à própria sorte naquele lugar.

— Eu não tenho nada com isso. Não ajudarei.

— Sabe, Michel, às vezes acho que você não pertence a esta família.

"Seu pai morreu de tanto trabalhar para nos sustentar. Ficamos eu, você e seu irmão. Agora só tenho você com saúde para trazer o alimento de que necessitamos para viver. Mas parece que seu coração não amolece.

"É frio. Quase não conversa comigo. Só se preocupa com você mesmo. Um dia, esse seu egoísmo ainda vai lhe custar muito caro."

— Mãe, sou assim e ninguém vai mudar nada em mim.

— Meu filho, tenha dó do seu irmão. Ele é tão jovem. Eu quase não tenho mais condições de cuidar dele. Fico pensando, no dia em que eu morrer, o que vejo estar muito próximo, o que será do seu irmão?

— No dia em que você morrer, eu o levo e o interno naquele lugar.

— Não faça isso, meu filho. Eu não ficarei em paz onde estiver, sabendo do sofrimento do seu irmão.

— Eu não o mandei subir naquela pedra.

— Seu coração me assusta, Michel.

— Posso comer em paz?

— Tudo bem, meu filho. Deixarei você comer em paz. Mas rogo a Deus todos os dias que mude seu coração. Que

Nossa Senhora lhe mostre que é através do amor que construímos nosso futuro.

— Que futuro, mãe? Que futuro é esse que a senhora diz? Estamos neste fim de mundo! Só não passamos fome porque trabalho e, com o pouco que ganho, trago alimento para esta casa. No dia em que a senhora morrer, eu deixo meu irmão aos cuidados das freiras e vou para Paris.

— Nem morrer em paz eu posso.

— A senhora não vai morrer agora. Fique tranquila.

— Que Deus me dê saúde para cuidar de vocês, meu filho.

— Esse seu Deus aí vai cuidar de tudo. Agora me deixe comer em paz, por gentileza.

Calada, aquela sofrida senhora se levantou e foi em direção à cama onde o rapaz deficiente a esperava para comer.

Ela se sentou ao lado do menino e o acariciou amorosamente.

Lúcia olhou para mim, me convidando a sair daquele lugar.

— Venha, Osmar.

Fomos para a parte de fora da cabana, onde havia uma pequena cobertura e um banco.

Nós nos sentamos.

— O que faremos agora?

— Vamos esperar a Nina.

— Ela está vindo?

— Sim, está a caminho.

Aproveitei o tempo de espera para observar melhor aquele lugar.

Era realmente uma vila medieval. As construções remetiam a um tempo bem antigo.

Algumas árvores cobertas de flores coloridas davam um charme especial a tudo o que meus olhos viam naquele momento.

Foi quando Nina finalmente chegou, ao lado de Felipe.

Felipe é um grande amigo e um mentor especial que vive na Colônia Espiritual Amor e Caridade, lugar donde vêm todos os espíritos que psicografam comigo.

— Olá, Osmar!

— Olá, Felipe! Que bom revê-lo!

— Oi, Osmar!

— Oi, Nina!

Nina e Felipe ficaram de pé à nossa frente.

— Como foi, Lúcia?

— Tudo como sempre, Nina.

— Osmar, anotou tudo?

— Sim. Estou sem entender muito bem por que estou aqui, mas, como sempre aprendo com vocês, tudo será revelado no momento certo.

— O que você acaba de ver é a vida anterior à encarnação atual de Michel.

“Ele e Rafael já estão juntos há muito tempo.

“Aquele menino de nome Pierre, que você vê doente, sendo cuidado por sua mãe, é o Rafael. Nesta encarnação, ele foi vítima da inveja de Michel, que o atirou de um penhasco, causando-lhe a enfermidade atual.”

— Foi Michel quem jogou Rafael da pedra?

— Sim. Na verdade, Rafael é um espírito muito iluminado que decidiu encarnar ao lado de Michel nesta encarnação que você acompanha para auxiliá-lo no processo evolutivo de ambos. Acontece que a inveja da personalidade do irmão fez Michel fazer o que fez.

“Assim, foram necessárias algumas oportunidades na encarnação juntos para poderem purgar o mal feito reciprocamente.

“Alguns dias após o que você acabou de observar, o jovem Pierre desencarnou. Sucumbiu ao acidente.

“Sua mãe, sentada à nossa frente, agora Lúcia, desgostosa da vida, também voltou à pátria espiritual pouco tempo depois. A depressão e a tristeza lhe fizeram adoecer e desencarnar."

Olhei para Lúcia com dó, por ela ter passado o que passou com Michel e Rafael.

Nina prosseguiu seu relato:

— Michel, se sentindo livre, vendeu esta pequena propriedade e foi viver em Paris, onde não foi muito feliz. Pouco tempo depois, envolvido em esquemas de contrabando de bebidas, foi assassinado, deixando a vida corpórea bem pior do que quando chegou. Ele padeceu nas regiões de sofrimento até que Rafael e Lúcia, tendo permissão superior, puderam lhe resgatar.

— Meu Deus, quanta história em uma pequena vila...

— Os espíritos encarnam sempre juntos, Osmar, para, através das experiências vividas, purgarem todo mal praticado em encarnações anteriores — disse Felipe.

— O que seria de nós se não tivéssemos as oportunidades redentoras, Felipe?

— Todos os espíritos desejosos de reparo recebem oportunidades infinitas — disse Lúcia.

— Osmar, o que lhe mostramos é para que você e seus leitores se conscientizem de que todos os espíritos têm passado. Não há nenhum espírito neste orbe que esteja aqui pela primeira vez. E, infelizmente, a maioria tem um passado ruim devido à imperfeição moral.

— Que informação importante, Nina!

— Seu plano espiritual é um plano ainda jovem. Porém, os espíritos que aqui estão não chegaram agora. Todos estamos nos aperfeiçoando para ascendermos aos planos superiores, pois, quanto mais elevado o plano espiritual que desejamos alcançar, mas nos será exigido.

— Você pode nos explicar melhor isso, Nina?

— Posso explicar — disse Felipe.

— Sou seu lápis, meu nobre instrutor.

— As esferas superiores e inferiores são separadas por vibração espiritual, ou seja, o espírito que tem uma condição espiritual ruim não consegue adentrar um plano onde a vibração espiritual é mais sutil.

“Essa é uma Lei Natural existente em toda a Criação. É o que separa os espíritos, já que nos unimos por afinidades.

“Essas afinidades são morais, intelectuais, energéticas e fluídicas. Assim, para um espírito poder adentrar o plano superior, é necessário que ele tenha alcançado algumas virtudes.”

— Meu Deus!

— Ele mesmo foi quem criou todas as coisas — disse Nina.

— Quer dizer que um espírito que esteja pouco evoluído não vai conseguir adentrar um plano que seja mais evoluído? É isso?

— Exatamente. O que condiciona o espírito a transitar entre as colônias, as cidades espirituais e as dimensões espirituais é sua condição espiritual.

"Quanto mais puro e mais elevado, mais acesso você tem. O mesmo acontece com os infelizes que, por não se preocuparem com sua evolução pessoal, ficam presos ou estacionam em dimensões inferiores. Entre elas, as mais acessadas são os umbrais.

"Então, Osmar, quanto mais você investir em sabedoria, caráter e aperfeiçoamento, melhor será sua vida nas esferas espirituais."

— Meus nobres instrutores, eu posso ser muito sincero com vocês?

— Essa já é uma virtude — disse Nina.

— Eu não acho difícil conseguirmos isso. Acho que basta acreditar, se transformar e valorizar o que realmente tem valor.

— E o que realmente tem valor, Osmar?

— Acho que é ser bom. Ser bom é o princípio, porque pode parecer que ser bom é fácil, mas não é.

— Concordo com o Osmar — disse Lúcia, olhando para mim.

— Osmar, o primeiro passo para a transformação é você quem tem que dar — disse Nina. — Nossa missão, como espíritos despertados, é orientar o máximo que pudermos, por isso tantas psicografias. É por isso que dedicamos muito tempo de nossa existência ao amparo e auxílio daqueles que realmente acreditam e desejam evoluir.

"Saibam todos vocês que a grande missão dos espíritos não é ficar fofocando sobre seu futuro, seu passado ou sua vida atual. Estamos no todo para que o todo se cumpra em nós. É através daquilo que aprendemos que exteriorizamos nossa sabedoria, e dividi-la com vocês é a melhor forma de ajudar.

"Estamos sempre dispostos a orientar na medida de sua compreensão, porque não adianta eu falar uma língua que você não entende ou pedir para que pinte um quadro se você nunca foi pintor.

"Cabe a nós o amor em essência e a caridade como bem maior. Lúcia agora trabalha ao lado de Herculano e Norma. Ela supervisiona as tarefas evolutivas de Michel e Rafael. E, em breve, você poderá ver o esforço dessa mãe dedicada ao amor de seus filhos.

"Todo esforço é recompensado. Não se esqueça disso."

— Não apenas fui mãe, Osmar. Continuo como mãe dos dois, por laços eternos que jamais serão rompidos, porque o amor não é algo que podemos descartar. O amor, quando interiorizado, é parte do espírito em evolução — disse Lúcia, emocionada.

— Eu posso lhe dar um abraço, Lúcia?

— O abraço é todo meu — disse a mentora, emocionada.

Nós nos abraçamos naquela varanda fria em algum lugar...

Olhei para Nina e disse:

— Sem palavras, Nina.

Eu estava extremamente impressionado com tudo o que me havia acontecido.

— Venham, vamos à Colônia Amor e Caridade. Quero lhe mostrar uma coisa muito importante, Osmar — disse Felipe.

Naquele momento, eu e os demais espíritos fomos para a Colônia Espiritual Amor e Caridade.

“

*Deus dá a Seus melhores soldados as mais difíceis batalhas.*

”

*Felipe*

# Na colônia

As colônias espirituais, ou cidades espirituais, são lugares criados pelos espíritos superiores para que os espíritos habitem temporariamente, já que todos, à medida que evoluem, trocam de cidades. Alguns permanecem um tempo maior nelas. São os administradores, professores, instrutores, mestres, mentores, trabalhadores e outros mais.

A Colônia Espiritual Amor e Caridade fica na Colônia das Flores, uma das mais antigas colônias espirituais existentes sobre o Brasil.

Está localizada sobre os estados do Paraná e Santa Catarina, interior de São Paulo e parte do Mato Grosso.

É onde as crianças que desencarnam vítimas de câncer são recebidas, já que a Colônia das Flores é onde os adultos que desencarnam vítimas dessa doença são recebidos.

Quase todos os livros que escrevo vêm dessa colônia ou chegam a mim através dos espíritos que nela vivem.

A Colônia Espiritual Amor e Caridade é muito bonita. Tem vários prédios modernos, onde os mentores trabalham, bem como hospitais, escolas, teatros, vilas, residências e núcleos de trabalho constante.

Eu e os demais espíritos chegamos ao prédio principal, o prédio da administração. Logo pensei que teríamos um encontro com o presidente dessa colônia, o nosso querido Frei Daniel. E, para a minha felicidade, era realmente isso que me aguardava!

Lembrei-me do meu primeiro encontro com Daniel. Ele, sempre atencioso e amoroso, me recebeu em sua sala.

Parecia que todos estavam me esperando para esse dia.

Fomos recebidos por Marques, que é o assessor de Daniel. Marques é o responsável pelos atendimentos feitos pelo presidente da Colônia Espiritual Amor e Caridade.

— Querido Osmar, quanto tempo!

— Estava com muita saudade de você, Marques.

— Eu também. Venham, Daniel os espera.

Nós nos dirigimos ao seu gabinete e, após batidas suaves à porta, pude ouvir a voz de Daniel.

— Entrem — disse o amado instrutor.

A sala de Daniel é ampla e muito bonita.

Tudo é muito limpo e organizado.

Sua mesa tem sempre algumas cadeiras à frente, onde nos sentamos para ouvir suas instruções.

Emocionadíssimo, eu lhe abracei carinhosamente.

— Perdoe-me a emoção, Daniel. É que, para mim, é um privilégio estar aqui e poder vê-lo mais uma vez.

— Não fique assim. Sente-se. Eu tenho uma linda história que quero compartilhar com todos vocês. Marques, obrigado por trazê-los a mim.

— Estou sempre à disposição.

Após nos permitir a entrada, Marques deixou a sala.

Nós nos sentamos nas cadeiras e ficamos calados, à espera das instruções edificantes.

Após abraçarem Daniel, Nina e Felipe olharam para mim como se quisessem me dizer algo.

Estávamos eu, Nina e Felipe como aprendizes, atentos a tudo o que nos seria revelado naquele encontro.

— Vejo que nada mudou aqui, Daniel.

— Nada mudou? Como assim?

— Os móveis e a arrumação da sua sala. Tudo está igual à última vez em que estive aqui.

— Não temos muito tempo para ficar mudando as coisas.

— Mas tudo continua lindo, como sempre foi.

— Obrigado, Osmar.

— Podemos começar? — disse Nina.

— Sim — assegurou-nos Daniel. — Osmar, nós queremos lhe falar sobre o tempo perdido.

— O tempo perdido? Como assim?

— O que iremos lhe mostrar daqui por diante são as oportunidades apresentadas nas encarnações e, na maioria das vezes, desperdiçadas.

"O esquecimento do passado espiritual durante as encarnações atrapalha demasiadamente a evolução dos espíritos, mas quero que você saiba que há sempre a possibilidade de resgatarmos o tempo perdido. E é isso que queremos lhe mostrar, como disse anteriormente."

— Sou seu lápis, Daniel.

— Você está escrevendo sobre a encarnação de Michel, não é?

— Sim, é isso que estamos acompanhando.

— Visitou a encarnação anterior de Michel ao lado de Rafael?

— Sim. Pelo que me foi mostrado, ele foi o algoz de Rafael.

— Na verdade, o que você poderá acompanhar agora é o que acontece na maioria das encarnações atuais.

"O planeta Terra passa por um momento transformador. A nova era bate à porta e as últimas oportunidades de ajuste estão acontecendo.

"Michel e Rafael estão juntos há muito tempo.

"Falta muito pouco para que eles possam adentrar o plano espiritual e nele viver definitivamente. Mas há alguns ajustes que ainda precisam ser feitos.

"O que todos vocês precisam se perguntar, e vou fazer esta pergunta a você, é: o que será da sua vida daqui a cinco anos?"

— Você está me perguntando isso?

— Sim, Osmar. Você consegue se imaginar daqui a cinco anos?

— Sinceramente?

— Sempre agimos com sinceridade.

— Perdoe-me, Daniel. Não é essa a minha intenção.

— Eu o compreendo. Mas me responda, o que será de sua vida daqui a cinco anos?

— Acredito que estarei ainda em minha busca.

— O que você está buscando?

— Respostas.

— Respostas para quê?

— Para tudo o que me acontece.

— Pois lhe asseguro que, daqui a cinco anos, se não fizer nada hoje, você estará no mesmo lugar.

— No mesmo lugar? Como assim?

— Você tem que aproveitar mais a vida e se preocupar menos com aquilo que está lhe acontecendo agora. A vida não é feita no agora. A vida é planejada no ontem, vivida no hoje e realizada no amanhã.

— Como assim, Daniel?

— O ontem lhe trouxe experiências edificantes. O hoje molda o futuro. O amanhã é o resultado de suas escolhas atuais.

"Sendo assim, daqui a cinco anos, se não mudar o que está fazendo agora, você provavelmente estará no mesmo lugar.

"Se tem saúde, aproveite.

"Se está passando por algum momento ruim, aprenda.

"Planeje seu amanhã, para que tudo o que você precisa realizar se concretize.

"Você está vivo.

"Você tem vida.

"Você tem alegrais e tristezas.

"Você tem a eternidade pela frente. O que tem feito para daqui a cinco anos?"

— Como disse, tentando me achar neste mundo.

— Você já é alguém neste mundo. Você é a melhor versão de si.

"Você é capaz.

"Você é forte.

"Você é luz. Faça-se luz.

"Não viva pelas aparências. Elas envelhecem, adoecem e morrem.

"Não viva para agradar às pessoas ao seu redor. Você não conseguirá agradar a todos.

"Não desperdice os sorrisos.

"Não jogue fora as oportunidades.

"O que lhe acontece de ruim é lição a ser estudada e aprendida.

"Não espere os cinco anos chegarem. Comece a mudança hoje, pois amanhã é outro dia e, se você não fizer nada, nada mudará...

"Vá em busca do sonho adormecido.

"Sonhos são molas que impulsionam a evolução.

"Tenha sempre dentro de si a certeza de que o amanhã é melhor... e será perfeito, se você o planejar hoje.

"Planeje ser feliz.

"Planeje ser caridoso, amoroso e bondoso.

“A felicidade está ao alcance de todos. Basta decidir…

“Decida por não perder seu tempo com pessoas inúteis e coisas irrelevantes.

“Aposte em quem sonha com você.

“Todos os espíritos encarnados estão em graus diferentes de evolução. Você dificilmente encontrará alguém que sonhe os seus sonhos, que viva as suas aventuras, que conquiste as suas conquistas e que dívida com você os momentos bons e ruins…

“Estamos no mesmo lugar, mas em condições diferentes.

“Não se frustre com o outro…

“A imperfeição faz parte, e a maioria dos espíritos que expiam com você são imperfeitos.

“Não siga conselhos que o fazem sofrer. O bom conselho lhe alegra o coração.

“A sua felicidade não está condicionada ao outro.

“Se a vida lhe entregar amarguras, sorria.

“Se lhe der decepções, levante a cabeça e mude de estrada.

“Não espere aquilo que o outro nunca vai lhe entregar.

“Viva como se hoje fosse o último dia, planejando que, daqui a cinco anos, tudo será diferente.”

Eu permanecia calado, ouvindo aquelas instruções como se arrancassem de dentro de mim tudo aquilo que sempre pensei. Era como se Daniel estivesse lendo meu coração angustiado.

Então, Daniel continuou:

— Se lhe derem uma missão, faça...

"Se lhe pedirem um conselho, use de sabedoria, pois sua opinião pouco importa a quem não tem ouvidos para ouvir.

"Você não muda ninguém com palavras. As pessoas mudam com atitudes.

"Seja um exemplo sempre que possível.

"Não olhe para trás, pois você não pode mudar o que passou.

"O dia é hoje...

"O amanhã é uma possibilidade que, se você desprezar, provavelmente será igual ou pior do que aquilo que você está vivendo hoje.

"Não chegue à vida espiritual arrependido do tempo perdido.

"Quase todos os irmãos que aqui chegam após a encarnação sofrem pelo tempo desperdiçado, pelas oportunidades desprezadas ou pelos sonhos não realizados...

"A luz que ilumina um, ilumina todos. Pare de se esconder nas sombras. Não camufle seus objetivos.

"Deixe a luz entrar em você e faça-se luz onde puder.

"As angústias são doses destruidoras.

"As decepções fazem parte e devem fortalecê-lo, não distanciá-lo...

"A ingratidão é a essência do falso amigo.

"Se alguém é ingrato com você, agradeça, pois o verdadeiro caráter está se exteriorizando.

"Ninguém consegue ser ingrato quando o sentimento é verdadeiro.

"Não alimente a tristeza. Ela é capaz de estacioná-lo na vida.

"Ame...

"Sorria...

"Seja você aquilo que deseja no outro...

"Todo mal praticado é débito contraído. Se lhe fizerem mal, a dívida deverá ser reparada em algum momento e, muitas das vezes, não é você quem cobrará... É a própria Lei Natural, que rege todas as coisas.

"Muitos de vocês perdem uma vida inteira pensando em se vingar de alguém que lhes fez algo...

"Não percam seu tempo e sua evolução com isso.

“A própria dívida será reparada no processo natural de ajustes. Se não for com você, será com outro, como disse.

“Osmar, quero lhe pedir uma coisa.”

— Sou seu lápis, Daniel.

— Eu não quero somente o lápis. Quero o médium que sempre nos ajudou.

— O que devo fazer?

— Relate tudo o que Felipe e Nina irão lhe mostrar, mas relate tudo em mínimos detalhes.

— Deixe comigo. E eu quero lhe agradecer por todos esses ensinamentos.

— Não agradeça. Coloque-os em prática na sua vida e na vida daqueles que você puder.

— Deixe comigo, Daniel. Farei o solicitado.

— Osmar, uma boa encarnação é quando você é útil… Erros fazem parte. Todos têm o direito de errar. Insistir ou viver pelo erro é que gera a falta a ser reparada. Então, se você errou em algum momento da sua vida, se arrependeu e o reparou, nada tem a temer.

“Evolua através dos erros e seja feliz desfrutando dos acertos. É isso o resumo de sua vida e de todos os espíritos encarnados.

“Sejam felizes… para alegria do Pai.”

— Obrigado por seus conselhos e ensinamentos, Daniel.

— Em cada relação, seja ela próxima ou passageira, haverá algo que você poderá extrair e aproveitar.

“Nos amigos, encontrará experiências sinceras. Essas são úteis.

“Nos outros, aquilo a que não deve dar importância ou fazer.

“Na alegria, sorrisos.

“Nas decepções, lições renovadoras.

“Em todos há algo que lhe será útil sempre que seu olhar for amoroso, e não crítico.

“Não coloque sentimentos profundos em coisas passageiras.

“Uma cidade visitada hoje não será a mesma cidade daqui a cinco anos.

“Tudo e todos se transformam.

“Alguns se melhoram. Outros se pioram, por não terem ainda a capacidade de perceber que os seus companheiros de vida são, na verdade, professores que têm sempre algo a lhes ensinar.

“Aprenda com a dor e renove-se com as alegrias.

“Agora vá. Temos muito a fazer.”

— Não tenho palavras para lhe agradecer, Daniel.

— Vá, aproveite essa mensagem e transforme seu coração.

Naquele momento, nos abraçamos e nos despedimos.

Agradecido e emocionado, como sempre, eu deixei a Colônia Espiritual Amor e Caridade me sentindo renovado e esperançoso, certo de que o que vivemos é necessário à nossa evolução e tudo tem uma razão de ser em nossa vida.

Não adianta ficarmos lamentando o tempo pedido. O que temos que fazer é planejar o futuro todos os dias e nunca desprezar nossos sonhos, pois são eles que nos impulsionam a seguir evoluindo.

Assim, deixamos Daniel e voltamos à vida de Michel e Rafael.

“

*Nunca desperdice a oportunidade de ser feliz.*

”

*Frei Daniel*

# A vida

Rapidamente, voltamos ao apartamento em que Michel e Rafael estavam.

Michel estava de pé próximo à mesa de refeições, feliz e alegre.

— Olhe o que fiz para você!

A mesa estava posta. O café da manhã havia sido feito por Michel com todo o carinho: ovos mexidos, torradas frescas, café, leite, iogurte e uma saborosa e bem preparada salada de frutas.

— Tem tempo que você não cuida assim de mim.

— Sei o quanto falho em nossa relação.

— Você não falha. Não se culpe por trabalhar tanto e, por vezes, não cuidar de nós.

— Sente-se. Eu preciso ter uma conversa com você.

— O que houve? Por que tanto mistério? Você está estranho.

— Não é mistério.

— É o que então?

— Sente-se e coma.

Rafael se sentou e Michel lhe serviu carinhosamente.

Após degustar uma torrada com manteiga e ovos mexidos, Rafael olhou desconfiado para Michel.

— O que houve? Por que você está me tratando assim?

— Quero que você saiba que sempre te amei e sempre vou te amar. Independentemente do que enfrentaremos, eu quero que você saiba que estarei ao seu lado.

— Você está me deixando preocupado.

— Não fique. Não há nada que não podemos mudar quando desejamos que tudo seja positivo em nossa vida.

— Essa frase é minha.

— Exatamente. Nos meus piores momentos da vida, você sempre me motivou com essa frase.

— Você está chorando?

— Não, só estou um pouco emocionado.

— Michel, me conte logo, o que está acontecendo?

— Vou contar — disse Michel, secando com os polegares algumas lágrimas que lhe visitaram os olhos.

— Você não tem plantão hoje?

— Tenho, mas já avisei no hospital que vou me atrasar.

— Você está me deixando preocupado, amor.

— Olhe para mim — disse Michel, aproximando seu rosto de Rafael. Após Rafael olhar carinhosamente para Michel, ele finalmente tomou coragem e começou a falar:
— Você se lembra dos exames que fazemos rotineiramente para acompanhar sua saúde?

— Sim, o que têm eles?

— O resultado não foi bom.

— O que eu tenho?

— Nada que não possamos resolver.

— Diga logo qual foi o resultado dos meus exames, Michel.

— Alguns números não vieram bons.

— Desembuche logo, amor.

— Você está com câncer novamente.

— Eu?

— Sim. Agora temos que aprofundar os exames para descobrir onde está localizado, que tipo é etc.

— Mas como você soube que tenho câncer? Um dia desses, fiz os exames e nada apareceu...

— A dosagem de marcadores tumorais veio muito alta.

— Meu câncer voltou, é isso?

— Infelizmente, sim, meu amor. Mas não se preocupe. Trataremos e curaremos mais uma vez.

— Onde é que o câncer voltou?

— Ainda não sei. Como lhe disse, vamos ter que fazer alguns exames para localizar. Quero que você termine seu desjejum e venha comigo para o hospital.

— Eu sabia que isso iria acontecer comigo.

— Há sempre a possibilidade de o câncer ter metástase. Você sempre soube disso.

— Agora acho que não vou escapar.

— Se você começar a pensar assim, as coisas podem ficar difíceis mesmo, Rafael.

Rafael respirou fundo, olhou carinhosamente para Michel e disse:

— Se eu tiver que morrer, quero morrer ao seu lado.

— Pare de falar bobagem. Você não morrerá.

— Que seja do jeito que tem que ser…

— Termine seu café. Já estamos atrasados. Vou tomar banho e me arrumar. Separarei sua roupa. Vou interná-lo para investigarmos.

— Eu não esperava por isso. Quando foi que você soube?

— Ontem à tarde.

— E por que não me falou ontem mesmo?

— Para você pernoitar acordado, pensando que vai morrer?

— Eu não ia ficar assim.

— Eu o conheço, Rafael. Agora termine o café.

— Está bem. Eu tenho que avisar no trabalho.

— Eu já avisei.

— Avisou o quê?

— Avisei que você vai ter que ir ao hospital para fazer alguns exames.

— E o que eles disseram?

— Tudo bem. Seu chefe já está ciente.

— Eu não posso perder esse emprego.

— Fique tranquilo. Depois ligamos para ele, informando sobre os exames. Daí decidiremos o que for melhor para você.

— Está bem.

Rafael já não conseguiu comer mais. Ele ficou sentado na cozinha sozinho, pensando em tudo o que lhe esperava pela frente.

O câncer voltou… E agora?

Há dois anos, Rafael descobriu em exames de rotina que tinha câncer de próstata.

Após longo tratamento e cirurgia, ficou livre da doença.

Agora uma nova realidade se apresentava.

O que será que acontecerá?

Poucos minutos se passaram até que Michel voltou à cozinha.

— Terminou?

— Nem continuei.

— Você não pode se abater. Tem que ser forte.

— Meu amor, mais do que ninguém, você sabe pelo que passamos. Foram quase três anos de sofrimento quando tive o câncer. Quimioterapia, radioterapia, cirurgias, dor, sofrimento e abandono por parte dos amigos e de alguns familiares... Imagine passar por tudo isso novamente...

— Agora estou ao seu lado mais do que nunca. Naquela época, nem sequer éramos namorados. Agora é diferente.

— Eu sei. E foi graças à minha doença que aprendi a amá-lo. Jamais esquecerei aquele médico carinhoso e atencioso que cruzou meu caminho naquele hospital. Sinceramente, se não fosse o seu amor e todo o apoio que me deu, acho que eu não teria conseguido a cura.

— Agora você tem outros motivos para vencer novamente.

— Vou fazer o possível, meu amor.

— Vá tomar banho enquanto arrumo a louça. Deixei sua roupa em cima da cama e uma pequena mala com seu pijama e algumas roupas íntimas. Não se esqueça de pegá-la antes de sairmos.

— Eu vou, mas antes quero lhe dizer uma coisa.

— Diga, Rafael.

— Eu te amo.

— Eu também. Agora vá se arrumar. Estamos atrasados.

Obedecendo a Michel, Rafael foi até o banheiro da suíte e, após um banho, se arrumou. Então, junto a Michel, se dirigiu ao hospital.

O hospital em que Michel trabalhava era especializado em tratamentos de câncer.

Logo que se formou em medicina, Michel começou a trabalhar nesse hospital.

Muito querido por todos, ele chefiava uma equipe oncológica, sua especialidade.

Após deixarem o apartamento, Michel e Rafael chegaram ao hospital.

Seguindo as orientações de Michel, a equipe do hospital preparou rapidamente a internação de Rafael. Após assinar toda a papelada, ele foi finalmente levado ao quarto na enfermaria de número oito.

Sobre o leito hospitalar havia uma roupa à espera do paciente Rafael.

— Troque sua roupa, meu amor.

— Tenho que colocar essa camisola?

— Sim, tire a cueca e vista-se com essa roupa. A equipe vem buscá-lo para fazer os exames de imagens.

— Você não vai ficar comigo?

— Tenho que chegar no trabalho. Vou até a minha sala preparar tudo para seus exames. Fique tranquilo, que estarei por perto.

— Eu te amo.

— Eu também. Agora fique calmo e obedeça às enfermeiras e à equipe que realizará seus exames.

— Está bem, amor.

— Preciso ir.

— Vou trocar a roupa e esperar.

— Troque a roupa e deite-se na cama. Logo virão buscá-lo.

— Está bem.

Michel deixou Rafael no quarto e se dirigiu à sua sala. Após colocar seu jaleco de trabalho, foi ao encontro de sua equipe.

— Bom dia, Michel!

— Bom dia, Silvia!

— A doutora Mariana e o doutor Rômulo estão esperando por você em sua sala.

— Obrigado, querida.

Michel se dirigiu à sala onde todos o aguardavam.

— Bom dia, pessoal! — disse Michel, adentrando a sala.

— Bom dia! — disse Mariana.

— Bom dia! — disse Rômulo.

— Como vocês estão?

— Estamos bem, Michel. E você?

— Estou bem, Mariana, obrigado. Acabei de internar o Rafael para mais exames. Quero pedir aos colegas que deem uma atenção especial.

— Pode deixar — disse Mariana.

— Você, Rômulo, cuide dos outros pacientes. Mariana, assim que todos os exames do Rafael ficarem prontos, nos reuniremos para avaliar quais procedimentos faremos. O que acham?

— Ótimo, Michel. Vamos fazer assim.

— Vou adiar a cirurgia da dona Marli para amanhã. Hoje não estou muito bem. Algum problema para vocês?

— Nenhum — disseram ambos.

— Então, vamos ao trabalho, pessoal.

Todos se levantaram e deixaram a sala.

Rafael foi levado para realizar outros exames.

Michel cumpriu sua rotina de atendimentos ao público e a supervisão do setor de oncologia do hospital, mas seus pensamentos estavam confusos.

Como tratar agora o seu grande amor?

Será sério o câncer de Rafael?

Um misto de sentimentos invadiu o coração do médico oncologista.

Ele sabia que o retorno do câncer não era uma coisa boa... Normalmente, as metástases são piores do que o próprio tumor...

Após algum tempo, Mariana o procurou em sua sala para uma conversa.

Batidas suaves foram ouvidas à porta.

— Pode entrar — disse Michel, ajeitando-se na cadeira. — Oi, Mariana! Entre e sente-se aqui.

Michel indicou uma cadeira à sua frente para sua amiga médica.

— Como você está? — perguntou Mariana.

— Estou bem... Ah, para ser sincero, bem arrasado...

— Eu sei que você não está bem. Nem o cafezinho com a equipe você tomou hoje... Todos estão preocupados com você.

— É nesta hora que eu gostaria de acreditar em alguma coisa.

— Você não precisa acreditar em Deus para que Ele o ouça.

— Eu não acredito em Deus e em nada disso.

— Quando não acreditamos em nada, Michel, somos potes vazios...

— Como eu gostaria que tudo isso fosse verdade.

— Você sabe que sou de família espírita, né?

— Você já está cansada de me convidar para conhecer o Espiritismo.

— Você deveria ir, pelo menos, a uma palestra.

— Eu não acredito em Deus.

— Deveria.

— Ah, minha amiga, estou em pedaços. Não sei se o Rafael conseguirá desta vez. Não sei se vou ter forças para segurar essa barra.

— Meu amigo, eu sempre o admirei, desde o tempo da faculdade. Você sempre foi determinado, forte e inteligente. Seja novamente aquele guerreiro que nunca desistiu de nada... Ele precisará de você como nunca.

— Quero acreditar que os exames vão nos mostrar que estamos errados.

— Os exames já ficaram prontos, Michel.

— E onde estão?

— Estão com o Rômulo. Ele está esperando você chamar para a reunião.

— Peraí… Tenho que juntar forças.

— Posso lhe pedir uma coisa?

— O quê?

— Venha comigo hoje à noite à casa espírita?

— Não, não me venha com essa conversa de reunião espírita.

— O Espiritismo iria lhe fazer muito bem agora.

— Meu amor, eu não acredito em nada disso. Nem tenho cabeça para pensar nisso agora.

— Mas você tem que acreditar em alguma coisa, Michel. Eu trouxe um presentinho para você. Vou deixar aqui. Quando puder, leia.

— O que é isso?

— São livros da Codificação Espírita.

— Deixe aí. Só não prometo que vou ler.

— Um dia, se puder, leia. Isso vai fazer bem para você.

— Acredito em mim, naquilo que aprendi na faculdade e no que vejo diariamente aqui. Todos os dias, Mariana, eu libero corpos de pessoas e crianças inocentes que morrem de câncer. Cadê o seu Deus? Cadê os espíritos, que não salvam essa gente?

— Eles estão entre nós o tempo todo.

— E não fazem nada, é isso? Não salvam ninguém. Não curam uma criança que morre aos meus cuidados.

— Cada um de nós tem algo a cumprir na encarnação, Michel.

— Morrer é cumprir alguma coisa? Morreu, acabou, meu amor...

— Já discutimos isso uma centena de vezes. Prometi a mim mesma que não conversaria mais sobre vida após a morte com você.

— Não perca seu tempo.

— Mas, se você tivesse Jesus em seu coração neste momento, acredito que estaria mais confiante e mais calmo.

— Não perca seu tempo. Chame o Rômulo. Vamos olhar os exames de Rafael.

— Se assim quer, assim será, chefe.

Mariana se retirou da sala e foi à procura de Rômulo.

Após alguns minutos, ela voltou com seu amigo médico.

— Aqui está o doutor Rômulo, Michel.

— Sentem-se, por gentileza. — Rômulo e Mariana se sentaram. — A Mariana me disse que os exames ficaram prontos, Rômulo.

— Já temos os resultados de alguns exames do Rafael.

— E aí?

— A coisa não está boa, chefe.

— O que os exames mostram?

— Câncer nos ossos e nos gânglios linfáticos. A coisa está bem séria — disse Rômulo.

— É incrível como esse paciente não sentiu nada — disse Mariana, assustada. — Estávamos analisando as imagens e é impressionante como ele continua de pé.

Uma enorme angústia invadiu o peito de Michel, que permaneceu calado e firme diante de seus subordinados.

— O que iremos fazer, Michel?

— Por favor, me deem os exames e me deixem a sós por alguns minutos. Eu preciso analisar e pensar no que faremos.

Sem entender muito bem a decisão de Michel, Rômulo e Mariana deixaram a sala.

Normalmente, eles discutiam a situação do paciente e tomavam as decisões juntos.

— O que houve com ele, Mariana? — disse Rômulo ao deixar a sala.

— Ele só precisa pensar, meu amigo... Pensar...

— Mas ele nunca fez isso. Quando nos reunimos para avaliar algum paciente, ele é que sempre está seguro do que devemos fazer.

— Rômulo, sei que você não sabe, mas o Michel e o paciente Rafael são casados.

— Casados?

— Xi! Fale baixo... Ninguém aqui no hospital sabe disso.

— E como você sabe?

— Somos amigos desde a faculdade, lembra?

— Nossa, coitado do Michel.

— Vamos esperar ele nos chamar.

— Meu Deus, coitado... Esse paciente não vai viver muito. Ele tem muito pouco tempo de vida...

— Nem sei o que dizer — disse Mariana.

— Jesus, tenha misericórdia...

— Se ele acreditasse em Deus...

— Ele não acredita em Deus?

— Em nada. Michel é ateu.

— Jesus! Coitado...

— Precisamos ser amigos e discretos nesta hora, Rômulo.

— Pode deixar. Eu não vou falar nada.

— Vamos tomar um café?

— Vamos.

Mariana e Rômulo se dirigiram à cantina do hospital e voltaram algum tempo depois, trazendo um copo com café para Michel, que permanecia trancado em sua sala.

Batidas suaves à porta.

— É você, Mariana?

— Sim, sou eu e o Rômulo.

— Podem entrar.

Mariana e Rômulo entraram e se sentaram nas mesmas cadeiras à frente de Michel.

Então, Michel perguntou:

— Rômulo, qual o tratamento indicado? — Rômulo permaneceu calado. — Rômulo, qual o tratamento indicado? Você não ouviu?

— Para ser sincero, chefe, não há muito o que fazer.

— E você, Mariana, o que acha?

— Acho que temos que auxiliar o Rafael para que ele não sofra tanto, já que a doença está em estágio avançadíssimo.

— Posso lhe fazer uma pergunta, Michel?

— Claro, Rômulo.

— Ele nunca reclamou de nada?

— Não.

— Como, meu Deus?

— Vou conversar com o paciente. Agradeço a vocês por me ajudarem neste caso, mas deixem que eu mesmo darei a notícia e cuidarei para que ele seja feliz nestes últimos dias.

Mariana olhou para Michel surpresa com sua postura diante de situação tão grave.

— Mais alguma coisa, chefe?

— Não, obrigado, doutor.

Mariana e Rômulo deixaram a sala.

Calado, Michel não parava de pensar: “O que fazer agora? Meu amor tem pouco tempo de vida... O que posso fazer para que ele não sofra? Por que isso está acontecendo conosco?”

Essas e outras perguntas sem respostas angustiavam o coração do jovem Michel.

“

*A vida é aquilo que desejamos diariamente…*

”

*Osmar Barbosa*

# O sonho

A doença de Rafael só piorava a cada dia. Os medicamentos pouco ajudavam.

O quadro era irreversível.

Magro e muito abatido, Rafael, mais do que nunca, estava apegado a Michel, que quase não ia para casa.

Em um quarto do hospital, foi montado um ambiente para que eles pudessem ficar juntos.

— Bom dia, Rafael.

— Bom dia, meu amor.

— Como você está hoje?

— A cada dia que passa, sinto que estou um dia a menos.

— Está sentindo alguma dor?

— Não. Só me sinto muito fraco.

— Vou pedir para trazerem um café especial.

— Eu estava esperando por você. Preciso conversar com você sobre algo que me passou pela mente essa noite.

— Diga.

— Sente-se aqui ao meu lado — disse Rafael, mostrando uma cadeira ao seu lado, onde Michel se sentou. — Você sabe que dediquei toda a minha vida ao nosso amor.

— Eu sei.

— Sabe também que tenho pouco tempo de vida.

— Você tem que ser mais otimista. Você só tem 34 anos. Testaremos um novo medicamento em você e esperamos que traga algum resultado.

— Meu amor, eu quero lhe pedir uma coisa.

— Peça.

— Sei que tenho pouco tempo de vida e não quero morrer dentro deste quarto, dentro destas paredes brancas e frias.

— O que você quer?

— Quero morrer em um lugar bonito, com você ao meu lado.

— Que lugar é esse?

— Você sempre foi a parte mais criativa da minha vida. Quero sair daqui e conhecer o mundo.

— Você acha que consegue viajar?

— As poucas forças que tenho, quero gastá-las bem longe daqui.

— Você sabe o quanto te amo, não sabe?

— Sei, e é por isso que lhe faço este pedido. Me tire daqui…

Após uma pequena pausa, Michel disse:

— Vou pensar em alguma coisa.

— Não quero que você pense. Quero que me tire daqui.

— Eu prometo que o farei feliz.

— Eu já sou feliz. Só não quero morrer aqui.

— Se você tivesse que viajar hoje, para onde gostaria de ir?

— Para qualquer lugar do mundo. Ao seu lado, eu vou para qualquer lugar.

— Então, vou providenciar a sua alta e vamos para casa arrumar as malas.

— Jura?

— Juro. Cuidarei de você.

— Já me sinto melhor.

— Espere aí. Eu já volto.

Michel deixou o quarto e foi à secretaria do hospital preparar a alta de Rafael.

Pouco tempo depois, os dois já estavam se dirigindo para casa.

Com Rafael em uma cadeira de rodas empurrada por Michel, eles chegaram ao seu apartamento.

Ao entrar em casa, Rafael se sentiu feliz como há muito tempo não se sentia.

Michel se sentiu bem em ver que seu amor estava mais animado e feliz.

— Agora estou feliz — disse Rafael ao entrar em casa.

— Que bom, meu amor!

Michel deixou Rafael sentado na cadeira de rodas em frente à janela do apartamento, que tinha uma visão muito bonita da praia.

Por alguns minutos, o silêncio foi companhia dos dois apaixonados, que apreciavam a beleza do entardecer pela janela do apartamento comprado desde a união.

Michel fez alguns contatos e programou que, em dois dias, começariam a viagem dos sonhos de Rafael.

Na manhã seguinte, ambos foram acordados pelo toque da campainha.

— Quem será? — perguntou Rafael.

— É a Helena.

— O que ela faz aqui?

— Ela trouxe uma pessoa que quer comprar o nosso apartamento.

— Você vai vender o nosso apartamento?

— É claro que sim. Temos um sonho a realizar.

— Mas...

— Sem mas... Venderei o nosso apartamento e viajaremos.

— Mas você vai precisar do apartamento quando eu me for.

— Quando você se for, a parte mais importante deste apartamento não estará aqui. Assim ele não me interessará mais... — Emocionado, Rafael se calou com a declaração de Michel. — Fique aí deitadinho, que vou atendê-los e já volto com seu desjejum.

— Você tem certeza de que é isso que devemos fazer?

— Como lhe disse, o mais importante agora não é o que temos... O mais importante agora é o que somos.

Michel se levantou e se dirigiu à porta para atender a amiga Helena, que trazia consigo um comprador para o imóvel.

A conversa foi rápida e tudo ficou acertado.

Após um tempo, ele voltou ao quarto trazendo a primeira refeição de Rafael.

— E aí, como foi a conversa?

— Apartamento vendido. Dinheiro no banco. Agora precisamos preparar nosso roteiro.

— Eu nunca pensei que você conseguiria fazer isso por nós.

— Tenho que ir em busca do tempo perdido, meu amor...

— E depois?

— Depois o quê?

— E depois, quando eu morrer, você vai morar onde?

— Você não tem que se preocupar com isso agora. Eu tenho outros bens. Você se esqueceu de que tenho pai e mãe? Meus pais, além de terem uma linda casa, têm também alguns imóveis alugados. Eles até já passaram tudo para o meu nome e de minha irmã. Não se preocupe com isso.

— Eu havia me esquecido disso. Aliás, eu sou o culpado por você estar distante dos seus pais.

— Quem disse que minha mãe não me liga quase todos os dias?

— Não acredito!

— Meu amor, mãe é mãe. O meu pai não aceita muito bem minhas escolhas, mas a minha mãe sempre foi a minha melhor amiga. E, olhe, ela está muito preocupada com você e achou correto eu me desfazer deste apartamento para realizarmos nosso sonho.

— Por que você me escondeu isso?

— Eu não escondi nada. Simplesmente não é importante.

— Fico feliz em saber que sua família continua próxima de você. Não posso dizer o mesmo da minha…

— Você não tem família, Rafael.

— Tenho, sim. Tenho o meu pai.

— Seu pai nunca quis saber de você. Depois que a sua mãe morreu e ele se casou novamente, nunca mais o procurou.

É verdade.

— Se você quer saber, liguei para ele na semana passada para falar sobre você.

— E ele?

— Quer mesmo saber?

— Claro! É meu pai…

— Ele desejou que você se recupere.

— Só isso?

— Sim, só isso.

— É, meu pai nunca foi meu amigo.

— Mas eu estou aqui.

— Eu sei.

— Bom, precisamos organizar a nossa viagem. Você está bem?

— Sim.

— Tome seu café. Tomarei um banho e separarei alguns roteiros para escolhermos por onde começar.

— Eu sempre sonhei em conhecer Paris.

— Se é esse o seu sonho, é para Paris que iremos.

— Eu nem acredito que vou realizar meu sonho.

— Tome seu café e vamos começar logo a organizar tudo.

Michel entrou no banheiro para tomar uma ducha enquanto Rafael fazia seu desjejum.

Após alguns minutos, eles já estavam sentados na sala organizando a viagem. Foi quando Lúcia chegou no apartamento, iluminada como nunca.

Eu, que observava tudo, estava mesmo sentindo falta de algum espírito por perto.

Vi quando Lúcia, toda vestida de branco, se aproximou de Rafael e impôs as duas mãos sobre a cabeça do filho, transmitindo-lhe fluidos de cor verde.

Nina estava ao meu lado. Foi quando perguntei:

— É Lúcia, não é?

— Como lhe foi mostrado, ela é a mãe de Rafael.

— Nossa, mas agora ela parece uma mentora espiritual, tamanha a sua luz.

— Após aquela encarnação, Lúcia tornou-se um espírito muito evoluído. Terminada a tarefa, ela regressou à pátria espiritual, estudou, se dedicou e, ao lado de Herculano e Norma, evoluiu. Agora ela se tornou a principal mentora espiritual do filho. Tudo isso em razão da doença, que estava programada para o desencarne de Rafael.

"É a evolução espiritual que possibilita os espíritos a subirem na escala evolutiva, Osmar.

"Lúcia é agora a principal mentora do filho."

— Que lindo isso, Nina!

— Tudo é lindo quando se trata de relações espirituais.

— Quer dizer que poderei auxiliar um filho meu quando desencarnar?

— Não é bem assim que funciona.

— Você pode explicar?

— Para que você tenha permissão para transitar entre os planos espirituais, é necessário ter condições evolutivas para tal.

— Como assim, Nina?

— As encarnações são provas laboratoriais de aperfeiçoamento do espírito. Quanto mais evoluído, mais acesso tem a planos diferentes. Então, se deseja auxiliar um espírito que tenha afinidades com você e que esteja encarnado neste planeta, é necessário que tenha adquirido condições espirituais para adentrar esse plano, além, é claro, de condições morais que lhe permitam tal tarefa. Lúcia estagiou durante algum tempo, como lhe foi mostrado, ao lado de Herculano e Norma. Na verdade, ela estava em treinamento. Agora está ao lado dos filhos que tanto ama, como principal mentora espiritual.

— Quer dizer que não é qualquer um que pode vir aqui ajudar quem ama? É isso?

— Tudo são conquistas. À medida que você vai evoluindo, mais sutil se torna seu corpo espiritual e, quanto mais sutil, mais permissões lhe são concedidas.

— Resumindo…

— Resumidamente, se quer ajudar algum espírito que tenha afinidade espiritual com você, é necessário que tenha conquistado condições espirituais e morais para tal tarefa, como lhe disse.

— E eu pensando que, depois da morte, poderia ajudar quem amo…

— Você até vai poder ajudar quem você ama, mas de outra forma.

— De que forma poderei ajudar quem amo, se eu não puder vir aqui?

— Orando.

— Orando onde, Nina?

— Nas diversas capelas que existem nas cidades espirituais.

— Lembro que vi um lugar para orações em Amor e Caridade.

— É nesse lugar que ficam a maioria dos espíritos, que, arrependidos pelo tempo desperdiçado, se reúnem para orar por aqueles que deveriam ter amado e ajudado quando estiveram encarnados.

— Como é difícil a encarnação, Nina.

— É mais difícil para quem não acredita nestas linhas.

— Imagino.

— O que você acha que vai fazer quando chegar à vida espiritual?

— Eu?

— Sim, você mesmo. O que você planeja fazer quando chegar à vida espiritual?

— Sinceramente?

— Sempre agimos com sinceridade.

— Eu nunca pensei nisso.

— Então, já está mais do que na hora de você começar a planejar seu futuro na vida espiritual, porque esse dia vai chegar. Aliás, esse dia chegará para todos, inclusive para quem está lendo estas linhas.

— Posso abusar de você, Nina?

— Como assim, abusar de mim?

— Posso explorar seus ensinamentos?

— Será sempre um prazer para mim falar sobre as questões espirituais que o envolvem.

— Qual conselho você me dá para esse planejamento?

— Posso lhe dar alguns conselhos?

— Mande...

— Primeiro, não desperdice as oportunidades evolutivas. Elas são raras e devem ser vividas intensamente.

— O que são oportunidades evolutivas?

— O estudo, por exemplo.

— Ok.

— Segundo, conheça Deus.

— Como conhecer Deus?

— Olhando tudo ao seu redor e admirando a perfeição de toda a Criação.

— Nossa...

— Terceiro, não julgue.

— Essa não é fácil, Nina.

— O outro é sempre o oposto do que você imagina. Não crie expectativas naqueles que são incapazes de compreender as Leis Divinas.

— Meu Deus...

— Quarto, experimente tudo o que possa torná-lo melhor.

— Como é isso?

— Não tenha uma religião; tenha várias religiões... E, por último, ame tudo e todos.

— Essa também não é fácil.

— Comece com os animais. É uma dica. É mais fácil com os animais. Todos merecem uma oportunidade. Pense assim e as coisas ficarão mais simples.

— Sabe, Nina, eu nem sei o que dizer dos seus conselhos, da sua bondade e dos seus ensinamentos.

— O que houve?

— Você nos ensina de uma forma simples.

— É para os simples que escrevemos. Alguém precisa falar com eles, você não acha?

— Como acho! Sinceramente, sou muito grato por essa oportunidade.

— Não a desperdice. Simples assim.

— Não perco nem uma linha ao seu lado, Nina.

— Vamos em frente...

Naquele momento, a mãe de Rafael, após transmitir para ele toda aquela energia, deixou o ambiente, mas não sem antes olhar para nós e sorrir.

— Nina, posso lhe fazer mais uma pergunta?

— Claro que sim.

— Por que a mãe do Rafael fez isso com ele?

— Isso o quê?

— Deu esse passe, ou sei lá como chamar o que acabei de ver...

— Ela fez uma transmissão fluídica para o perispírito do Rafael.

— O que é isso?

— Preste atenção ao que vou dizer.

— Vamos lá.

— O perispírito, ou corpo fluídico dos espíritos, é um dos mais importantes produtos do fluido cósmico universal. Ele é uma condensação desse fluido em torno de um foco de inteligência ou alma. Assim, o perispírito é simplesmente formado por fluidos que, por sua vez, são modificações do fluido cósmico realizadas pelo próprio espírito. Isto é, o espírito, através do seu pensamento, modifica o fluido cósmico em torno de si, uma cobertura que chamamos de perispírito. Por ele estar muito doente e passar por alguns tratamentos que lesionam o perispírito, Lúcia trouxe uma carga fluídica para ajudar o filho.

— Meu Deus!

— Acontece que alguns tratamentos, tais como a quimioterapia e a radioterapia, causam lesões nesse corpo que precisam ser reparadas, e foi isso que ela fez.

— Então, ela cuidou do perispírito de Rafael?

— Exatamente. Rafael ainda tem algumas coisas a cumprir. Para que ele consiga terminar sua tarefa terrena, sua mãe teve a permissão de socorrê-lo, reparando partes de seu perispírito.

— Que lindo, Nina!

— Deus é lindo.

— E agora?

— Agora vamos deixá-los preparar a viagem dos sonhos.

— Estou ansioso para saber o que vai acontecer daqui por diante.

— Tenha calma. Nós vamos poder acompanhar em outro momento. Agora precisamos ir.

— Vamos, Nina?

— Vamos.

Deixamos Michel e Rafael e seguimos nossa missão.

“

*Só compreenderemos o amor quando enxergarmos Deus.*

”

Osmar Barbosa

# A capela

Naquele momento, Nina me levou novamente à Colônia Espiritual Amor e Caridade.

Caminhamos por algum tempo na alameda principal da colônia, até que chegamos a uma grande capela.

Confesso a vocês que esse prédio se parece muito com uma catedral, com uma enorme igreja. Ao ver esse prédio, me lembrei de que, sempre que sou levado à colônia, vejo esse prédio, mas nunca tive a curiosidade de perguntar o que era.

É como uma grande catedral em estilo gótico. Como tudo é muito bonito nas cidades espirituais, ao chegar em frente a essa capela, eu fiquei parado, impressionado com tamanha beleza. Os vitrais coloridos me impressionavam...

Minhas pernas não me permitiam continuar a caminhada. Foi quando fui advertido por Nina.

— Vai ficar parado aí olhando a catedral?

— Nina, eu já havia passado algumas vezes em frente a esse prédio, mas confesso que nunca havia parado para observar sua beleza.

— É muito bonita mesmo.

— É aqui que os espíritos vêm para rezar?

— Exatamente. É aqui que quero que você conheça alguns amigos e relate o que eles vão lhe dizer.

— Mas é perfeita...

— É muito bonita mesmo. Venha, vamos entrar...

Alguns degraus me separavam daquele que, posso assegurar a todos vocês, é o lugar mais lindo que existe nas cidades espirituais.

Ao entrar, não vi nada diferente do que vemos nas catedrais europeias.

Tudo era muito bonito, limpo e organizado.

À frcntc, havia um lindo prcsbitério, onde pude ver um lindo altar com imagens bem antigas. Dezenas de bancos desses que vemos nas igrejas estavam organizados em fileiras. À frente, havia um púlpito onde certamente eram ministradas palestras ou algum tipo de culto.

Novamente, minhas pernas congelaram diante de tanta beleza.

Nas laterais, havia pequenas grutas com imagens do calvário de Jesus e, na frente dessas imagens, alguns bancos, onde pude ver alguns espíritos sentados, orando.

Eu me vi numa linda igreja. Logo a curiosidade não me deixou ficar calado.

— Nina, isso é uma igreja?

— Osmar, qual é a maior religião que existe em seu plano?

— Eu não sei.

— A que tem o maior número de adeptos é o Cristianismo.

— Jura, Nina?

— Sim.

— E eu pensando ser o Catolicismo…

— Sendo o Cristianismo a maior religião, o que se vê entre os encarnados é um número absurdo de igrejas. Você concorda?

— Em cada esquina tem uma. É impressionante como há igrejas espalhadas por todo o planeta.

— Aqui não é diferente.

— Tem mais igrejas aqui?

— Em Amor e Caridade, temos três.

— Qual a necessidade de uma igreja em uma colônia espiritual, Nina?

— A mesma que tem na vida dos encarnados.

"Quando o espírito chega à vida espiritual, como temos dito neste livro, chega carregado de sentimento de culpa. A igreja, ou o templo religioso, serve como local onde os espíritos se reúnem para meditar, orar, agradecer, entrar em sintonia com a angelitude que os envolve e muito mais.

"Assim, foram plasmadas algumas igrejas para que os espíritos habituados a esses ambientes se sintam mais confortáveis e mais seguros das transformações de que necessitam para se compreenderem como espíritos eternos.

"Quando chegam aqui, vocês carregam as mesmas necessidades terrenas. Quando você precisa conversar com Deus, aonde você vai?"

— A uma igreja.

— E para que serve uma igreja no plano físico?

— Para nos conectarmos a Deus.

— Ela auxilia, não é?

— Muito.

— Aqui não é diferente. Lembre-se sempre de que, quando os espíritos chegam à vida espiritual, muitas vezes trazem consigo a necessidade de um ambiente para a conexão espiritual. E, para isso, nada melhor do que uma igreja, ambiente muito comum aos encarnados.

"O propósito espiritual é sempre de amparo, auxílio e amor. A Criação não é vingativa.

"Por que não teria igreja na vida espiritual?

"Por que não respeitar sua forma de crer na vida eterna?

"Por que separar ou impor aquilo que não deve ser imposto de forma alguma?

"O seu jeito de acreditar em Deus, nas coisas de Deus e na vida eterna é diferente do meu jeito de acreditar, você não acha?"

— Sim... Você está há mais tempo na vida espiritual. Certamente tem outro olhar sobre as coisas de Deus.

— Então, meu nobre escritor, para que alguns irmãos que chegam aqui desesperados ou arrependidos entrem em sintonia com sua nova realidade espiritual, é necessário que os ambientes espirituais estejam conforme aquilo que acreditam ou que tenham vivido por muitos anos.

"Como tratar, orientar e elucidar algo para alguém que nunca ouviu falar em vida eterna? Para alguém que tenha dedicado toda a sua vida a manter uma igreja, por exemplo?"

— Acho que oferecendo a esse irmão um ambiente que corresponda ao que ele acredita ou que sempre viveu.

— Osmar, por que as pessoas vão à igreja?

— Acho que por acreditarem em Deus.

— Para que elas vão à igreja?

— Para rezar, pedir, agradecer e outras coisas.

— Então, a igreja é um lugar de conexão, é isso?

— Sim.

— Por que as pessoas não pedem, agradecem e outras coisas nos lugares em que vivem normalmente?

— Porque a igreja é o local apropriado para isso.

— Se uma pessoa precisa de uma igreja para se conectar à sua fé, à sua espiritualidade, por que não as teríamos nas colônias?

— Realmente, não faz sentido não ter igreja aqui.

— Dependendo daquilo em que você acredita, sem esse ambiente, você não conseguirá se conectar, não acha?

— Concordo com você, Nina. Um exemplo disso é: por que as pessoas vão ao centro espírita?

— Porque, na mente delas, a conexão conosco só acontece no centro espírita. Mas estão totalmente enganadas, pois estamos em todos os lugares. Assim, a maioria de vocês só se conecta a nós se houver um gatilho.

— E o gatilho da conexão para alguns são as igrejas e para outros, os centros espíritas.

— As conexões existem em todo lugar. Acontece que o homem, por variados tipos de necessidades e interesses, decidiu que os templos, as sinagogas, as igrejas, os centros espíritas e tudo aquilo que foi sendo criado para a aglomeração de pessoas, desejos, crenças, crendices e fé são os únicos lugares em que se pode expressar e exercer sua religiosidade.

— Nossa, Nina, como é edificante estar ao seu lado nestas psicografias! É lamentável que alguns conservadores irão criticar essas informações.

— A eles, suas crenças. A nós, a evolução.

— Obrigado.

— Venha, quero que você conheça alguns amigos.

— Vamos.

Naquele momento, adentramos o templo. Na parte esquerda, havia uma porta que nos levou a um corredor onde alguns espíritos estavam sentados à espera de atendimento, eu concluí...

Chegamos a uma porta onde Nina me pediu que aguardasse.

— Espere aqui, Osmar. Eu já volto.

— Ok — disse, me sentando em um enorme banco lateral.

Nina adentrou uma sala e eu fiquei à espera das novas instruções.

Após alguns minutos, um rapaz abriu a porta e me convidou a entrar.

Ao entrar na sala, vi haver quatro espíritos sentados em volta de uma mesa redonda, e Nina estava sentada com eles.

— Entre, Osmar — disse Nina.

Adentrei a sala e fui conduzido pelo rapaz a me sentar à mesa.

— Sente-se — disse um senhor de cabelos grisalhos muito simpático. Eu me sentei e fiquei à espera de novas instruções. — Seja bem-vindo, Osmar — continuou o senhor.

— Obrigado — respondi.

— Esse é o Clarêncio, Osmar.

— É um prazer estar aqui.

— Osmar, Clarêncio é o diretor deste núcleo. Aqui é onde são recebidos os irmãos que estão muito angustiados após o desenlace carnal. Todos que chegam à vida espiritual em nossa colônia muito arrependidos pelo tempo desperdiçado são acolhidos neste setor. Deixo a palavra com o próprio para lhe falar sobre tudo o que tem que escrever daqui por diante — disse Nina, me olhando carinhosamente.

— Se me permite, sou seu lápis, Clarêncio.

— Vejo que o médium está em missão da psicografia. Aproveito para lhe agradecer por sua dedicação à tarefa edificante.

— Eu é que agradeço todos os segundos da minha humilde encarnação, neste momento em que o planeta em que vivo passa por momentos transformadores.

— Como lhe foi dito por Nina, aqui recebemos os irmãos que sofrem pelo desperdício da encarnação e precisam de acolhimento e esclarecimento do que devem e podem fazer para aliviarem suas dores.

“A encarnação é prova expiatória que, infelizmente, a maioria dos irmãos desperdiça, valorizando aquilo que não deve ser valorizado, chegando ao ponto de desespero total, quando se vê diante da realidade de todos os espíritos.

“Se a encarnação fosse instrumento de riqueza material e prazeres fúteis, ela não seria necessária. Acontece que, por estar temporariamente esquecida do passado espiritual, a maioria dos espíritos se perde nos labirintos do ego, da avareza e da valorização daquilo que não tem valor evolutivo.

“Tudo que envolve a vida de um encarnado tem por objetivo acessar as oportunidades. Quando elas são desperdiçadas, isso leva o espírito ao sofrimento quando se vê fora do envoltório material.

“Nesta mesa estão sentados Olinda, Floriano e Marlyse. Todos estão aqui e têm muito a ensinar para todos que, de alguma forma, deixaram escapar a evolução nas encarnações expiatórias que tiveram.”

— Muito prazer em conhecê-los — disse.

— Nós é que agradecemos a oportunidade de enviar para todos o que nos trouxe a esta sala — disse Marlyse.

— Fiquem à vontade para nos contar tudo — disse.

— Quem vai começar seu relato é Olinda, pode ser?

— Claro.

Olinda é uma senhora de uns 40 anos, morena de cabelos negros e sorriso farto.

— Posso começar? — disse ela.

— Claro. Vou anotar tudo — disse.

— Então, vamos lá.

"Eu me chamo Olinda.

"Nasci no Rio de Janeiro no ano de 1941.

"Eu me casei aos 17 anos. Nessa época, eu morava em uma cidade do interior. Meu pai era fazendeiro e arranjou meu casamento com o filho de um amigo, também fazendeiro.

"Logo aos 18 anos, fui mãe do primeiro filho. Nasceu um menino muito bonito, ao qual dei o nome de Roberto.

"Aos 19 anos, nasceu minha primeira filha, de nome Roberta. Aos 20 anos, tive a oportunidade de dar a vida à Maria das Dores.

"Eu tinha uma vida muito confortável. Não nos faltava nada, até o dia em que meu esposo sofreu um acidente enquanto cavalgava em nossa propriedade, vistoriando as plantações de café.

"Ali tudo mudou.

"Eu era jovem, bonita e muito assediada pelos supostos amigos do meu marido, que, ao perceberem que ele nunca mais sairia da cama, me cortejavam a todo tempo.

"Para mim, uma jovem menina, não foi fácil resistir aos galanteios, e logo cedi.

"Tive muitos amantes e meu marido sofria deitado, sem nada poder fazer para conter meus desejos de menina mulher.

"Nunca me preocupei com meus filhos, que foram praticamente criados pelas empregadas que tínhamos na fazenda.

"Os anos se passaram e meu marido não resistiu, falecendo cinco anos após seu acidente.

"Sem uma administração profissional, nossas economias logo se esgotaram, o que me levou a vender nossas terras para poder sobreviver.

"Nessa época, Roberto tinha 15 anos e as meninas, 14 e 13.

"Eu me mantinha com um pouco de dinheiro que meu pai e minha mãe me mandavam mensalmente.

"Meu pai era um homem muito severo e, ao saber de minhas escapadas, não permitiu mais que eu recebesse um centavo do dinheiro de minha família. Assim, meus filhos foram arrancados de mim.

"Roberto foi levado para viver com uma tia em outra cidade. Maria das Dores e Roberta foram viver com minha única irmã, que morava na capital do Rio de Janeiro.

"Nunca dei importância à minha família e aos meus filhos.

"Eu me tornei proprietária de um cabaré, pois, para mim, o que sempre foi muito importante foi o sexo.

"Bebidas, orgias, noitadas e, por fim, as drogas...

"Ao me tornar uma drogada, perdi tudo o que havia conquistado com meu trabalho de prostituta.

"A rua foi minha última morada.

"Imaginem uma senhora de 60 anos vivendo nas vielas e se escondendo da polícia, porque, para me manter, eu tinha que praticar pequenos furtos.

"Vivi assim até o dia em que um traficante não teve mais paciência para esperar pelo seu pagamento e decidiu que minha vida teria um fim.

"Fui levada para um matagal, onde ele e seus comparsas me assassinaram, me espancando até a morte.

"Não sei quanto tempo fiquei dormindo, mas um dia acordei. E, ao acordar, percebi que minha vida não fora ceifada como desejava aquele homem cruel.

"A escuridão foi minha companhia por muito tempo.

"Ao meu lado, eu ouvia espíritos que gemiam de dor e angústia por não conseguirem sequer ficar de pé naquele atoleiro fétido em que me encontrava.

"Meu Deus, quanto arrependimento eu sentia naquele lugar!

"Foram anos de sofrimento na escuridão. Até que, um dia, um anjo nos apareceu. Esse anjo conversou conosco e nos propôs o arrependimento.

"Caro escritor, foi nessa hora e nesse dia que percebi que havia morrido e que o corpo que eu sustentava como sendo meu já estava podre, enterrado em algum cemitério.

"A casca que me cobria estava velha e não fazia sentido.

"Passei dias refletindo sobre tudo o que havia feito com a minha vida. Nessas horas ninguém aparece para nos ajudar.

"Os poucos espíritos que apareciam eram piores que eu.

"Um dia, esse espírito em forma de anjo me procurou novamente e se revelou para mim.

"Era ninguém menos que meu marido. Era aquele homem que me assumiu e que me deu uma casa, filhos, amor, carinho, dedicação e entrega. Era aquele homem que, quando estava convalescente na cama, eu desprezava e torcia para que morresse logo, pois queria a libertinagem, a rua e os homens em cima de mim…

“Era o homem que me amou.

“Confesso que foi o dia em que o arrependimento me destroçou por dentro. Que mulher me tornei… Que lixo sou?

“Marcus. Esse é o nome do meu anjo.

“Ele me levou para um posto de socorro e lá fui conscientizada do que realmente sou. Após pedir e receber o perdão de Deus e de alguns espíritos, que estão ligados a mim por toda a minha existência, fui trazida até aqui, onde continuo em recuperação.

“Quero que todos que estão conhecendo a minha história saibam que tudo na vida é bom, mas o melhor da vida são os filhos, a família e os amigos sinceros.

“No bar, você só encontrará falsidade.

“Na cama, os amigos do prazer.

“Nas drogas, nas derrotas verdadeiras e na libertinagem, tudo o que ninguém merece ser…”

Eu olhava para aquela senhora que não aparentava ter vivido nada do que me contava… Como pode uma pessoa se entregar a tantos desvios em uma só encarnação?

Tomei coragem e perguntei:

— Perdoe-me, Olinda, mas você não teve a oportunidade de mudar tudo isso em nenhum momento de sua encarnação?

— Tive muitas oportunidades, mas minha beleza, os galanteios, os elogios e os falsos amigos não me permitiam enxergar quem realmente eu me tornava.

"Meus filhos sempre me procuraram, tentando me tirar daquela vida.

"Minha mãe morreu de desgosto.

"Meu irmão, por diversas vezes, me procurou e tentou me recuperar.

"Foram tantos os familiares e verdadeiros amigos, que nem consigo expressar.

"Sabe, meu amigo escritor, a beleza física, quando não compreendida, leva nosso ego ao ponto de esquecermos os valores morais.

"Foi uma encarnação imoral que me fez sofrer tanto. E é ela que não me deixa ter paz em nenhum lugar.

"Por incrível que pareça, o anjo com quem me casei, que esteve ao meu lado no nascimento dos meus filhos, foi o mesmo anjo que, após tudo o que fiz a ele, veio me salvar.

"Como eu gostaria de reencontrá-lo para pedir perdão por tudo o que fiz a ele e a todos os que me amavam de verdade...

"Como eu gostaria de abraçar cada filho meu e pedir perdão pelo abandono e por tudo o que fiz a eles...

"Como eu gostaria de ter desprezado aquelas pessoas que se diziam meus amigos quando dividiam comigo uma garrafa de whisky ou um cigarro de maconha...

"Como eu gostaria de ter ouvido a voz da minha consciência, que sempre desprezei, achando serem coisas da minha cabeça...

"Como fui tola ao não dar ouvidos aos meus pais...

"Após anos de sofrimento, fui trazida para esta colônia, onde encontrei verdadeiros amigos, que me socorreram e estão me ajudando em minha recuperação moral."

— Agora é refazer o caminho — disse Clarêncio, acariciando a mão que Olinda apoiava sobre a mesa.

— Precisamos acreditar no amor. Precisamos acreditar em Deus e nas coisas de Deus.

"O que nunca devemos e nem podemos desprezar são os anjos que Deus coloca em nosso caminho. Essa é a grande lição. Esse é o melhor conselho e o mais perfeito ensinamento.

"Não despreze os anjos que Deus coloca em seu caminho."

— Muito bem, Olinda — disse Clarêncio.

Marlyse sorriu carinhosamente para Olinda, que, de cabeça baixa, deixava cair algumas lágrimas de dor.

— Não fique assim — disse Nina, acariciando Olinda.

— Vou ficar bem… — disse ela, calando-se.

“

*Não despreze os anjos que Deus coloca em seu caminho.*

”

*Olinda*

# Outros relatos

O silêncio pairou sobre o ambiente por alguns minutos, até que Clarêncio tomou a palavra.

— E você, Floriano, o que quer relatar?

Floriano é um rapaz de apenas 20 anos. Seu olhar é marcante, pois seus olhos são castanhos claros, raros de se ver.

Tem a pele branca e o semblante cansado.

Timidamente, ele começou a relatar para nós sua experiência.

— Em primeiro lugar, eu quero agradecer por esta oportunidade. Espero sinceramente que o que tenho a revelar auxilie outros irmãos a não cometerem os mesmos erros que cometi em minha última encarnação.

“Eu me chamo Floriano. Nasci na cidade de São Paulo. Logo aos 17 anos, me envolvi com pessoas erradas na localidade em que eu morava.

“Minha querida e saudosa mãe sempre me aconselhou a não me envolver com essas pessoas, mas conselho de mãe nunca é bom quando não pensamos com juízo.

“Minha vida se resumia a fazer o mal a pessoas de bem.

"Fiz tudo o que uma sociedade chama de ruim. Roubei, matei, me droguei e usei de minha influência na comunidade para fazer mal a todos que me contrariavam.

"Meu caminho foi manchado pela perversidade.

"Até que, um dia, decidi abandonar tudo. E foi quando decidi abandonar aquela vida que realmente me descobri.

"Meu coração sempre me dizia que eu deveria parar de fazer tudo aquilo. Algo dentro de mim me machucava toda vez que eu fazia mal a alguém.

"Mas os amigos, as meninas, a farra, a fama e o poder sempre se sobrepuseram aos meus sentimentos.

"Eu nunca fui uma pessoa má em essência, mas não dava importância a isso.

"Logo me viciei em drogas, e eram elas a minha melhor companhia.

"No dia em que perdi minha mãe, para o desgosto, foi quando decidi que deveria parar. Afinal, o pouco que havia construído, na verdade, foi o que me destruiu.

"Parece pequeno o meu relato, mas esse é exatamente o valor que dei à minha vida.

"Uma vida pequena, vazia, sem muito o que dizer...

"Ao deixar tudo de lado, tive que me mudar de cidade. Fui viver em Minas Gerais com uma tia, irmã de minha mãe. Foi ela a única pessoa que se dispôs a me acolher.

"Evangélica e muito caridosa, ela me ensinou o amor.

"Fazíamos o bem sem olhar a quem.

"Eu estava morando com ela há poucos meses, quando dois homens invadiram nossa casa e, sem nada perguntar ou até mesmo falar, me assassinaram.

"Creio eu ser alguma coisa do meu passado.

"Assim como Olinda, acordei em um lugar muito ruim, cheio de cobras e escorpiões, que me picavam a todo tempo.

"Fiquei ali por alguns meses, eu acho, até que felizmente reencontrei minha mãezinha.

"Ela apareceu para mim como um anjo. Estava vestida de branco. Jamais me esquecerei desse dia.

"Ela me abraçou, me colocou em seu colo e, com uma força que desconheço, me carregou por aquele pântano até chegarmos aqui.

"Eu já não tinha forças sequer para abraçá-la.

"Após me levar à enfermaria, ela me deixou…

"Agora estou aqui tentando me refazer de tantas mágoas e arrependimentos por desprezar o que realmente tem valor na vida."

— E o que é realmente importante na vida, Floriano?

— O amor. É o amor que temos que valorizar. Temos que dar a importância correta às pessoas que se preocupam conosco e ouvir os conselhos sinceros.

"A vida é passageira.

"Somos viajantes do tempo, que passa como um piscar de olhos.

"Eu sempre me preocupei com os prazeres visíveis, desprezando as relações sinceras.

"Sei que é muito difícil compreender por que tudo isso acontece conosco quando estamos cobertos com o véu do esquecimento, mas devemos prestar mais atenção nos detalhes da vida, por ser nos detalhes da vida que Deus conversa conosco.

"Não fiquem esperando ouvir uma voz em seus ouvidos. A voz de Deus não se ouve... A voz de Deus, a gente sente...

"Deus nos fala em silêncio.

"Graças às orações da minha querida mãe, estou aqui.

"O arrependimento dilacera meu peito todos os dias, mas tenho certeza de que tudo isso passará e chegará o dia e o momento certo para que eu possa rever quem tanto amo e, infelizmente, ainda não estou preparado para receber.

"A vida é vivida nos detalhes. São os detalhes da vida que nos moldam para o futuro espiritual, esse certo de que todos irão viver.

"Quero registrar minha gratidão aos amigos que encontrei aqui, nesta linda colônia.

"São espíritos que eu nunca tinha conhecido, mas que dedicam seu tempo e seu amor para nos socorrer.

"Aqui aprendemos que o amor liberta.

"Se não aprendermos a amar de um jeito, aprenderemos de outro. Fiquem certos disso.

"Obrigado!"

— Eu é que agradeço a oportunidade de lhe permitir falar através desta psicografia, Floriano.

— Há um grande projeto de Deus para todos os Seus filhos. Osmar cumpre o dele. Nós, aqui na colônia, estamos trabalhando no nosso. Você, amigo leitor, que tem ouvidos para ouvir, ouça estas linhas edificantes e extraia delas o que vai transformá-lo por dentro, ao ser por dentro que começamos a viver — disse Clarêncio.

Emocionadíssimos, nos calamos por alguns minutos, até que uma jovem muito bonita adentrou a sala trazendo uma bandeja com alguns copos com água.

— Querem água? — perguntou.

Na verdade, precisávamos daquele olhar angelical e daquele gole de água para nos refazermos de tanta emoção.

A jovem sorria como um verdadeiro anjo que veio nos socorrer.

Após um tempo...

— Chegou a sua vez de falar, Marlyse.

— Será que consigo?

— Tenho certeza de que sim — disse Nina.

— Vamos tentar — disse a jovem de cabelos loiros, olhos claros e pele branca, vestida com uma túnica de cor azul bem clarinho. — Bem, minha história de arrependimento não é muito diferente da dos meus colegas.

"Eu me chamo Marlyse. Nasci na Alemanha, mas vim cedo morar no Brasil.

"Meu pai veio transferido para trabalhar no Brasil.

"Eu, minha mãe e minha irmã viemos com ele.

"Minha adolescência não foi fácil. Sempre muito rebelde, dei muito trabalho aos meus pais, pois sempre me achei dona do meu destino.

"Na faculdade, quando tinha 20 anos, comecei a sentir muita dor de cabeça, fato que muito preocupou a minha mãe.

"Após idas e vindas a vários hospitais e médicos, descobrimos que o que provocava minhas dores era, na verdade, um tumor na cabeça.

"Nosso mundo caiu...

"Jovem, bonita, rebelde e doente...

"Quem culpei por tudo isso? Minha família...

"Culpei meu pai por ter nos tirado da Alemanha.

"Culpei minha mãe por permitir que ele nos tirasse de lá. E minha irmã, eu a culpava simplesmente por existir. Afinal, minha mãe tinha que dividir a minha atenção com ela.

"Os anos passavam e as coisas só pioravam. A biópsia detectou que meu câncer era maligno e que eu tinha poucos anos de vida.

"Foram várias as campanhas feitas pelos meus pais para angariar recursos para tratar a minha doença, o que de nada adiantou.

"Cada dia que passava, eu via meu pai sumindo e eu o culpando.

"Ele já não comia mais. Magro e acabado, culpava-se por eu estar morrendo. Na verdade, essa culpa fui eu quem colocou dentro dele.

"Ele não era e nunca foi culpado de nada.

"Minha maldade chegou ao ponto de fazer, no dia do meu desencarne, eu não querer me despedir dele.

"E assim desencarnei.

"Acordei em uma enfermaria da Colônia das Flores, onde fui muito bem tratada. Mas o ódio de ter morrido pelo fato de ter me mudado de país só foi apagado de mim quando fui levada à sala da conscientização.

“Lá todos descobrimos nossas verdades.

“Ao sair da sala da conscientização, eu não sabia o que fazer. Meu câncer era meu. Meu câncer foi exteriorizado naquela vida por escolha minha, exclusivamente por mim.

“Por que culpar quem nunca teve nenhuma culpa?

“Essa foi a pergunta que me trouxe para cá…

“O arrependimento… Não ser compreensiva, não ser paciente e não acreditar nos desígnios de Deus me tornaram a pior filha que poderia existir sobre a face da Terra.

“Coitado do meu pai… Ele não tinha culpa de nada do que estava me acontecendo.

“Lembro que fui assistida por uma mulher que se dizia espírita, que insistia em me dizer que meu pai não era o culpado. Mas, em minha arrogância, eu tinha que achar um culpado…

“Hoje estou aqui para me curar de mim mesma.

“Hoje sei que, por vezes, a doença que estamos sofrendo é o resultado daquilo que alimentamos em nós.

“Peço perdão a Deus todos os dias.

“Por que fiz isso?

"Por que tanta maldade com um homem que só queria cuidar de mim?

"Por que não dei ouvidos ao meu coração, que insistia em dizer: 'Não faça isso...'?

"Porque somos assim...

"Ao alimentarmos pensamentos destrutivos, criamos verdadeiros monstros em nós... Nós nos tornamos aquilo que nunca deveríamos ser.

"Meu pai sempre foi um homem bom.

"Uma parte da minha mãe morreu comigo naquele leito de hospital.

"Minha irmã nunca foi culpada de nada.

"Sei que tudo o que vivi tem objetivos.

"Sei que fui eu quem escolheu ter o câncer e morrer dele.

"Temos que ter mais amor e empatia para com nossos familiares.

"Eu os escolhi.

"Meu pai, minha mãe e minha irmã foram escolhidos por mim.

"Implorei voltar à vida humana ao lado deles.

"Sou eu mesma a culpada...

"Agora estou aqui me perdoando, pois tenho que me perdoar para aprender de mim mesma tudo aquilo que ninguém deve ser...

"Um dia, espero ter a oportunidade de pedir perdão sincero a todos eles, mas primeiro preciso do perdão de Deus.

"Para isso, sei que tenho que mudar.

"Tenho que me aceitar e transformar tudo.

"Aproveito para agradecer a você, Nina, e ao Clarêncio por tudo o que tenho vivido aqui na Colônia Espiritual Amor e Caridade. Sem vocês ao meu lado, tenho certeza de que tudo seria muito mais difícil.

"E você, amigo escritor, leve estas linhas a todos os que agora não estão se compreendendo em família.

"Que saibam que família não é acaso...

"Que mãe não é nada que aconteceu sem que vocês tenham pedido ou permitido...

"Que Pai é único, e todos fazem o que podem por seus filhos...

"E, finalmente, que irmãos são metades que se juntam para completar o projeto de Deus..."

— Lindo o seu relato, Marlyse! — disse Nina, visivelmente emocionada.

Olinda se levantou e abraçou a jovem Marlyse.

Todos repetimos os abraços.

— Espero ter contribuído para o seu livro, escritor.

— Seu relato vai mudar muitos corações. Pode ter certeza disso, Marlyse.

— Osmar, leve estas linhas a todos.

— Pode deixar, Clarêncio.

— Agora temos que ir — disse Nina, levantando-se.

Deixamos a capela após abraços e alguns sorrisos emocionados.

“

*Só o amor vale a pena…*

”

*Nina Brestonini*

# A viagem

Era uma manhã de sexta-feira quando fui procurado novamente por Nina.

Eu estava trabalhando em um projeto pessoal quando percebi a presença da iluminada mentora espiritual.

— Bom dia, Osmar!

— Bom dia, Nina!

— Vejo que está ocupado.

— Nada que seja mais importante que sua presença.

— Vamos visitar Michel e Rafael?

— Estava mesmo esperando por esse momento.

— Você pode ir agora?

— Só um minutinho, por gentileza.

Arrumei minhas coisas e segui Nina em desdobramento.

Chegamos a um apartamento nas proximidades da Torre Eiffel.

Eu nunca fui à França e, muito menos, a Paris, mas a torre majestosa se mostrava à minha frente bem iluminada.

Era noite, percebi.

Michel estava sentado em uma cadeira ao lado de Rafael em uma pequena varanda, da qual se podia ver toda a cidade de Paris. Eles estavam bem juntinhos.

A mediunidade nos proporciona tanta coisa boa. É nessas horas e nesses momentos que me questiono por que as pessoas que se dizem médiuns desprezam esse dom a ponto de não experimentarem como é divino esse exercício mediúnico.

A cena era a seguinte: Rafael estava deitado em uma espreguiçadeira de dois lugares em uma varanda de frente para a Torre Eiffel. Ao seu lado, Michel repousava a cabeça no peito do amado. Ambos admiravam a cena cinematográfica que se apresentava à frente.

Uma pequena mesa dispunha de duas taças que pareciam conter champanhe e um pequeno prato com alguns frios.

Chegamos e nos posicionamos muito perto deles.

Olhei encantado para a beleza daquela noite e daquele lugar.

— Que lindo tudo isto, Nina!

— Esta é a Cidade Luz.

— Realmente, tudo é muito bonito aqui.

— Sabe onde está?

— Paris, suponho.

— Sim. Estamos na França.

— Posso lhe agradecer?

— Por que quer me agradecer?

— Por você me permitir esses momentos.

— São momentos que só lhe são permitidos por você fazer a coisa certa.

— Ainda há pouco, eu estava pensando sobre isso.

— Isso o quê?

— Por que alguns médiuns desperdiçam sua mediunidade com coisas que não valem a pena?

— Porque, na verdade, não são médiuns.

— Sério, Nina?

— Por que você escreve tantos livros e está sempre ao nosso lado nas cidades espirituais?

— Acredito que seja porque tenho esse dom.

— Que dom?

— O desdobramento.

— O desdobramento é o mecanismo que o traz até aqui. O que lhe possibilita estar entre nós e visitar tudo o que você vê é seu comportamento no exercício da mediunidade. Quando o médium falha, somos nós os primeiros a nos afastarmos.

— Mas por que vocês se afastam ao invés de ajudar?

— O que estamos fazendo agora, Osmar?

— Escrevendo um livro.

— E qual é o conteúdo do livro?

— É uma psicografia.

— O que ela revela?

— Muita coisa.

— Esta psicografia é instrutiva?

— Muito. Vocês sempre enriquecem o conteúdo dos livros com diversos ensinamentos.

— Se tem a mensagem edificadora, por que se perde nos labirintos da mediunidade?

— Provavelmente porque esse médium não lê.

— Exatamente. Observe: se tenho um médium sob minha tutela, tenho como compromisso levar a ele as mensagens que modificam intelectualmente o instrumento de uso necessário. Mas, se o médium não participa de estudos e não se dedica às transformações morais necessárias ao trabalho no exercício mediúnico, o que posso fazer além de me afastar?

— Realmente. Se eu não me dedicar a estudar, cairei nas armadilhas da mediunidade.

— Todos têm o tempo certo. Quando isso acontece, respeitamos o livre-arbítrio do médium que não deseja evoluir intelectualmente e nos distanciamos, à espera do momento certo para voltarmos ao trabalho edificante.

— Quer dizer que, quando o médium falha, vocês se afastam e ficam à espera de que ele retome o caminho correto no exercício da mediunidade? É isso?

— Não sem antes tentar alertá-lo da armadilha colocada à sua frente. O que acontece é que, infelizmente, a maioria dos médiuns que se perdem não nos ouvem. Dão mais importância aos elogios e ao ego inflado e se esquecem de que médium é mensageiro. É instrumento de comunicação dos espíritos, e não algo que você possui para ficar rico ou famoso.

— Eu acho, Nina, que o segredo de tudo isso é, na verdade, a humildade. Eu travo batalhas diárias comigo mesmo. Não é fácil fazer o que faço.

— Sabemos disso, e é por isso que estamos sempre o alertando para que você não se deixe levar pelos tapinhas no ombro ou pelos elogios nas redes sociais.

— Minha batalha é muito grande, mas como negar tudo o que vivo ao lado de vocês?

"Como dizer para mim mesmo que esta cena que estou vendo aqui, agora, ao seu lado, é coisa da minha mente?

"Como me enganar?

"Eu sempre digo para as pessoas que a mediunidade, para mim, é uma prisão."

— Uma prisão?

— Sim, eu sou prisioneiro de mim mesmo.

— Explique isso para mim, Osmar.

— Com prazer, Nina.

"O fato de ser médium, estar ao lado de vocês nas cidades espirituais, ver, ouvir e relatar tudo isso me torna prisioneiro das experiências mediúnicas.

"Eu não posso dizer que você não existe...

"Eu não posso dizer que as cidades espirituais não existem...

"Eu não posso dizer que a vida não é contínua...

"Eu não posso agir como se não houvesse nada depois da falência do meu corpo físico...

"Como viver achando que não haverá consequências?

"Como não acreditar em anjos, se vivo ao lado de vocês?

"Quantas vezes me vi fora de meu corpo e me senti livre, algo que nunca senti como encarnado...

"São mais de 50 livros. São mais de 50 histórias que pude acompanhar bem de perto ao lado de vocês, amigos instrutores.

"Como dizer que a vida termina com uma encarnação?

"Como viver como humano se tenho certeza de que sou espírito?"

— Você, como todos os encarnados, está em provas edificantes.

— Mas a minha é pior, Nina.

— A sua não é pior; só é mais completa. Você, tendo plena consciência da continuidade da vida, já percebe que tem que fazer as coisas certas. É pior para os cegos. Creia.

— Sou grato, Nina. Mas olhar para o mundo e ver que todos não têm essa preocupação, que vivem por viver e que fazem tudo o que querem com liberdade me deixa para baixo às vezes...

— Olhe, deixe eu lhe dizer uma coisa que não deveria, mas que você merece saber.

— Diga.

— Quando um espírito está encarnado e tem essa sensação, é porque esse espírito está há muito tempo sem encarnar. Assim, a sensibilidade espiritual está aguçada.

— Como assim, Nina?

— Você ficou um longo período no plano espiritual. Você demorou a reencarnar. Por isso, traz em si percepções espirituais e não do plano físico.

— Nossa, que informação importante!

— Há muitos espíritos encarnados que ficaram séculos nas cidades espirituais e agora retornaram em missão sobre o orbe terreno. E, pelo fato de terem ficado muito tempo na vida espiritual, se desvencilharam das energias terrenas e se harmonizaram com as energias dos planos espirituais. Logo quando esses espíritos voltam à encarnação, sentem uma certa desarmonia energética que dificulta a encarnação.

— Nina, posso lhe dizer uma coisa?

— Sim, claro.

— Lá no atendimento fraterno, no Hospital Espiritual Amor e Caridade, a maioria dos jovens que me procura relata exatamente isso.

— O que eles dizem?

— Dizem que não se sentem bem nesta vida, que parece que não são deste mundo.

— São esses espíritos que, após viverem séculos na vida espiritual, estão voltando à encarnação.

— Mas por que eles estão voltando?

— Pela nova era.

— A regeneração?

— Exatamente. O planeta Terra será melhor de se viver.

— Sabemos que esse processo está se iniciando, é isso?

— Isso. Daqui a alguns anos, seu planeta será um planeta regenerado, onde o amor preponderará.

— Posso lhe perguntar outra coisa?

— Sim.

— Os autistas?

— São espíritos voluntários, em sua maioria, que vieram à encarnação com a missão de auxiliar a modificação genética do corpo humano. Para um planeta regenerado, mais perfeito, os espíritos que irão encarnar neste planeta precisam de corpos mais perfeitos.

“Explicando geneticamente, uma parte dos irmãos autistas têm a síndrome do X frágil, que tem origem genética hereditária. Outra parte são espíritos voluntários que estão encarnando com a função de modificar geneticamente o corpo humano, aperfeiçoando-o para receber espíritos mais perfeitos, dentro do projeto da nova era.

“Há, ainda, um grupo oriundo das regiões de sofrimento do Umbral.

“O autismo é causado por mutações no gene FMR1. Esse gene é o responsável pela produção de algumas proteínas que ajudam a regular a produção de outras proteínas, que afetam o desenvolvimento de conexões importantes do sistema nervoso central."

— Mas é tanto sofrimento, Nina.

— Não é sofrimento. São limitações.

— E o espírito dessa criança, como fica?

— Como fica? Não entendi...

— As dificuldades e limitações do corpo afetam o espírito? Ele também sente ou passa por essas dificuldades?

— O espírito respeita as limitações do corpo e age em total integralidade com ele. Se o corpo não anda, por exemplo, o espírito se integra à limitação, entende?

— Quer dizer que, se um corpo não tem um braço, por exemplo, o espírito se adapta ao corpo? É isso?

— Exatamente. O corpo que usamos é instrumento e não reflete a condição do espírito. Há muitos espíritos extremamente evoluídos em corpos totalmente limitados, adaptados para o exercício solicitado.

— Por que o espírito evoluído passa por isso, já que, à medida de nossas conquistas espirituais, ficamos mais perfeitos?

— É exatamente a perfeição espiritual que permite ao espírito passar por essa prova sem lamentações.

— Quer dizer que posso aceitar uma encarnação com um corpo limitado para meu benefício ou para o benefício da humanidade?

— Sim. Muitos dos espíritos que se voluntariaram para encarnar como autistas são espíritos extremamente evoluídos. Que fique claro que não são todos...

"Vieram porque o aparelho (corpo humano) precisa ser aperfeiçoado para receber espíritos mais perfeitos, que irão habitar o seu planeta na nova era, uma era mais perfeita, entende?"

— Sim, entendo. Vou recomendar este livro para os pais de autistas.

— Faça isso.

Naquele momento, Michel se levantou e foi à pequena cozinha do apartamento para pegar algo.

Pouco tempo depois, ele voltou trazendo um copo com água e alguns comprimidos.

— Tome seu remédio, amor. Você está bem?

— Um pouco melhor.

— Você precisa descansar. Não quer se deitar?

— Deite-se aqui. Tenho uma coisa para lhe dizer. — Michel se deitou novamente ao lado de Rafael e repousou sua cabeça no ombro do amado. — Quero lhe agradecer por fazer o que está fazendo por mim.

— Você sabe que te amo e que farei tudo para a sua felicidade.

— Deixe eu lhe contar uma coisa…

— Conte.

— Essa noite, tive um sonho.

— Um sonho?

— Sim.

— E por que não me contou antes?

— Eu estava esperando o momento certo para lhe contar.

— Então, me conte.

Nesse momento, Rafael passou seu braço sobre os ombros de Michel e o abraçou com ternura.

— Sonhei que estava em uma cidade muito moderna e extremamente bonita.

“Havia prédios futuristas e avenidas arborizadas. Centenas de pessoas caminhavam naquelas ruas, todas vestidas de branco, e sorriam para mim como se me conhecessem.

“Havia um lago muito lindo, onde pude ver crianças e seus cachorros brincando.

“Tudo era muito bonito e eu me sentia como se fizesse parte daquele lugar.

“Meu corpo estava totalmente recuperado. Eu caminhava ao lado de uma jovem muito bonita.

"Ela era ruiva e tinha os olhos verdes como duas esmeraldas."

Naquele momento, olhei para Nina, impressionado.

Ela olhou para mim e sorriu.

Rafael prosseguiu seu relato.

— Havia pássaros e as árvores eram coloridas como nunca vi em lugar nenhum. Sei que você não vai acreditar, mas parecia que eu estava no céu.

— Posso lhe confessar uma coisa, meu amor?

— Sim, Michel.

— Mudei minha visão sobre quem somos após viver tudo isto ao seu lado.

— O que houve?

— A Mariana havia me presenteado com dois livros.

— Quais livros?

— *O Livro dos Espíritos* e *O Evangelho Segundo o Espiritismo*, de Allan Kardec.

— E você os leu?

— Eu os devorei.

— Quem te viu e quem te vê! Lendo livros espíritas...

— Eu ainda tenho muito o que estudar e aprender, mas já compreendo que não faz nenhum sentido nossa existência terrena sem uma continuidade da vida. E isso me conforta...

— Você agora acredita na vida após a morte? É isso mesmo que estou ouvindo?

— Só de pensar em perdê-lo, fiquei assim...

— Minha avó sempre me dizia que ninguém morre, que depois da morte do nosso corpo existe uma continuidade e que essa é a vontade de Deus.

— Agora creio nisso.

— Meu amor, como fico feliz em saber que seu coração está conectado a Jesus!

— Estou me conectando... Calma...

Michel e Rafael caíram no riso.

Naquele momento, eu e Nina vimos quando Lúcia chegou com Herculano e Norma ao seu lado.

Junto com eles havia uma equipe de resgate.

Eu percebi que estava chegando a hora de Rafael deixar a encarnação.

Confesso, meus amigos leitores, que a emoção tomou conta de mim e algumas lágrimas desceram pela minha cansada face ao ver o amor que os espíritos têm por nós.

Nunca estivemos sozinhos...

Michel, então, perguntou a Rafael:

— Amor, me fale mais sobre o seu sonho?

— Nesse lugar, tudo era perfeito. As ruas, as árvores, as pessoas, os prédios, tudo era lindo. Mas o que mais me impressionou foi realmente a jovem que me acompanhava, me amparando até um prédio que tinha uma luz muito forte sobre o telhado redondo. Era uma luz que vinha do espaço, algo diferente e muito bonito.

Naquele momento, Rafael se encolheu na cadeira como se estivesse sentindo frio.

Michel imediatamente pegou um cobertor que cobria as pernas de Rafael e cobriu seus corpos.

— Você está bem? — perguntou Michel.

— Somente um pouco de frio. — Após ajeitar a coberta, Michel se deitou novamente ao lado de seu amor. — Quero lhe dizer outra coisa.

— Diga, meu amor.

— Você vai ficar bem quando eu partir?

— Não vamos falar disso.

— Eu preciso falar sobre isso com você.

— Você sabe que eu não gosto desse assunto.

— Mas temos que ser maduros. Quero que você não pare sua vida pelo fato de eu ter morrido. Quero que você continue. Quero que você não se importe comigo. Estarei bem...

— Tenho uma profissão muito bonita e sou muito feliz exercendo a medicina. Continuarei minha vida à espera do dia em que novamente irei encontrá-lo.

Algumas lágrimas visitaram os olhos de Michel naquele momento.

— Você tem que ser feliz. Olhe... viva intensamente todos os momentos que eu não poderei viver.

— Vou em frente, meu amor. Pode ficar tranquilo — disse Michel.

— Isso mesmo. Não se importe comigo. Dê carinho e atenção aos meus amigos, aliás, aos nossos amigos. Eles foram muito importantes neste final. Você não quer saber o que eu quero deixar para as pessoas quando não estiver mais aqui?

Michel começou a chorar calado.

Rafael prosseguiu com seu pedido.

— Sei que, quando eu me for, será um momento de muito alívio, não só para mim, mas para você também. Afinal, você parou a sua vida por mim.

"Sei que eu não terei mais lembrança nenhuma de mim, mas você terá...

"Na verdade, eu não quero pedir nada. Eu só pediria que você não deixe de viver sua vida. Não deixe de apostar nas pessoas e de ser feliz."

Rafael abraçou com carinho seu amado Michel e prosseguiu:

— Eu lhe peço...

"Respire por mim o que eu não poderei mais respirar...

"Viva por mim o que eu não vou mais estar aqui para viver...

"Ame tudo o que você puder, porque eu não vou mais estar aqui para amá-lo...

"Continuarei te amando, mas de outro jeito...

"Tenha uma família, porque eu não estarei aqui para construir a nossa...

"Só faça o que eu gostaria de fazer, meu amor...

"Não desperdice seu tempo com coisas que não vão lhe fazer uma pessoa melhor.

"Vá em busca do tempo perdido e viva intensamente por mim e por você.

"Toda vez que você for feliz, estarei vivo em algum lugar...

"Eu te amo eternamente.

"Essa é a lembrança que quero que você tenha de mim."

Chorando abraçado a Rafael, que olhava para as luzes de Paris ao lado de seu maior amor, Michel disse:

— Eu preciso que você saiba que vou viver até meu último dia lembrando dos momentos inesquecíveis que vivemos e que vou estudar mais o Espiritismo, pois agora tenho certeza de que Deus nos uniu, a morte é simplesmente um acontecimento biológico e você vai continuar vivo na vida dos espíritos e dentro de mim.

"Um dia, nos encontraremos novamente para vivermos nosso amor.

"O amor mais perfeito que a vida me deu...

"Eu te amo, Rafael."

— Eu também te amo mais que tudo, Michel.

O silêncio, o amor e a ternura tomaram conta dos dois.

Michel adormeceu nos braços de seu amado.

Na manhã seguinte, ao acordar, Michel percebeu que Rafael estava sem vida...

O amor é algo que transcende todos os nossos entendimentos...

Fim

"

*Dedico esse livro à todos àqueles que sofrem ou sofreram algum tipo de discriminação ou preconceito.*

"

Osmar Barbosa.

# Nota do autor

A codificação espírita revelada pelo nobre instrutor Allan Kardec, nos esclarece que: a Espiritualidade Superior não distingue o espírito encarnado segundo seu invólucro físico.

Cada espírito reencarna na Terra infinitas vezes, no caminho em direção ao progresso moral, como homem ou mulher, sucessivamente, segundo sua incumbência, provações e deveres a serem cumpridos em cada passagem pelo mundo material. Exigido é, para o espírito encarnado, sob qualquer orientação sexual, que paute sua existência na Terra segundo as leis do amor. Diz Allan Kardec no "O Livro dos Espíritos":

*"Os Espíritos encarnam como homens ou como mulheres, porque não têm sexo. Visto que lhes cumpre progredir em tudo, cada sexo, como cada posição social, lhes proporciona provações e deveres especiais e, com isso, ensejo de ganharem experiência. Aquele que, só como homem, encarnasse, só saberia o que sabem os homens."*

De acordo com essa visão, a cada reencarnação o espírito pode trazer inclinações, gostos e caráter do sexo que deixou para trás. Todos os problemas relativos à condenação e perseguição dos homossexuais são fruto do atraso de evolução moral da sociedade humana.

Na Espiritualidade Superior, o sexo não é considerado unicamente por baliza morfológica do corpo de carne, distinguindo macho e fêmea, definição unilateral que, na Terra, ainda se faz seguir de atitudes e exigências tirânicas, herdadas do comportamento animal.

Entre os Espíritos desencarnados, a partir daqueles de evolução mediana, o sexo é categorizado por atributo divino na individualidade humana, que ocorre com a inteligência, com o sentimento, com o raciocínio e com faculdades outras.

Quanto mais se eleva a criatura, mais se capacita de que o uso do sexo demanda discernimento pelas responsabilidades que acarreta.

Na explanação acima, aprende-se que, segundo o Espiritismo, masculinidade e feminilidade totais não existem na personalidade humana, já que o espírito, ao longo de sucessivas reencarnações ao longo de séculos e até milênios, carrega em sua bagagem características difíceis de se "enquadrar" nos conceitos de "normalidade" da humanidade.

A Terra, a pouco e pouco, renovará princípios e conceitos, diretriz e legislação em matéria de sexo, sob a inspiração da Ciência, que situará o problema das relações sexuais no lugar que lhe é próprio.

Na Crosta Planetária os temas sexuais são considerados, na base dos sinais físicos que diferenciam o homem da mulher e vice-versa; no entanto, pondero que isso não define a realidade integral, porquanto, regendo esses marcos, permanece um Espírito imortal, com idade às vezes multimilenária, encerrando consigo a soma de experiências complexas, obrigando a própria Ciência terrena a proclamar, presentemente, que masculinidade e feminilidade totais são inexistentes na personalidade humana, do ponto de vista psicológico. O Yin e o Yang e o que permite o equilíbrio energético e espiritual nas encarnações.

Deste modo podemos afirmar que a Espiritualidade Superior não faz nenhuma distinção entre opções sexuais, sendo todos os espíritos julgados seguindo os mesmos critérios.

Os instrutores espirituais salientam também que o preconceito na Terra, continua arraigado devido à população terrestre ainda ser formada, em sua maioria, por espíritos "ignorantes", incapazes de entender e enxergar "valores sublimes do amor" em suas diferentes formas, preferindo taxá-los como "devassidão".

Vale lembrar que todos os espíritos encarnados estão em processo evolutivo e que à medida que a humanidade evolui do ponto de vista moral, ainda que lentamente, todos os encarnados poderão viver plenamente sua forma de sexualidade, sem medo, mentiras ou necessidade de autorregressão, desde que pautando sua vida sexual em valores superiores como amor e doação.

O preconceito contra pessoas LGBT+ é uma triste realidade que persiste em muitas sociedades ao redor do mundo. Essa discriminação se manifesta de diversas formas, desde comentários pejorativos até violência física e exclusão social, infelizmente.

Uma das raízes desse preconceito é a falta de compreensão e aceitação da diversidade sexual e de gênero. Muitas pessoas ainda têm dificuldade em entender e respeitar identidades e orientações diferentes das suas próprias, levando a atitudes discriminatórias e opressivas.

Esse preconceito também é alimentado por estereótipos e ideias preconcebidas sobre o que é ser LGBT+. Muitas vezes, as pessoas são rotuladas e julgadas com base em noções equivocadas e simplistas, contribuindo para a marginalização e o isolamento desses grupos.

Além disso, o preconceito contra pessoas LGBT+ muitas vezes é enraizado em normas sociais e culturais que privilegiam a heterossexualidade e a congeneridade. Essas normas são reforçadas por instituições, leis e políticas que discriminam ou ignoram as necessidades e direitos das pessoas LGBT+. No entanto, é importante ressaltar que a luta contra o preconceito e a discriminação LGBT tem feito progressos significativos ao longo dos anos. Movimentos sociais, ativistas e aliados têm trabalhado incansavelmente para promover a igualdade e os direitos das pessoas LGBT+, conquistando avanços importantes em termos de legislação, visibilidade e conscientização.

Ainda há muito trabalho a ser feito, mas é fundamental continuar desafiando o preconceito e promovendo a inclusão e o respeito por todas as identidades de gênero e orientações sexuais.

Todos têm o direito de viver suas vidas com autenticidade e dignidade, livres do medo e da discriminação.

Nós, espíritas, devemos nos posicionar, compreender, acolher, amar e aceitar. Rever nossos conceitos e lembrar-nos de que somos todos irmãos em uma caminhada evolutiva, e que o preconceito e a discriminação não condizem com toda pregação e muito menos com tudo o que nos é ensinado nas searas espíritas.

Acho, sinceramente, que devemos falar menos e praticar mais o que nos é dito diariamente nos púlpitos nas milhares de casas espíritas espalhadas sobre o orbe terreno.

Osmar Barbosa

## *Outros títulos lançados por Osmar Barbosa*

Conheça outros livros psicografados por Osmar Barbosa. Procure nas melhores livrarias do ramo ou pelos sites de vendas na internet.

Acesse

www.bookespirita.com.br
www.compralivro.com.br

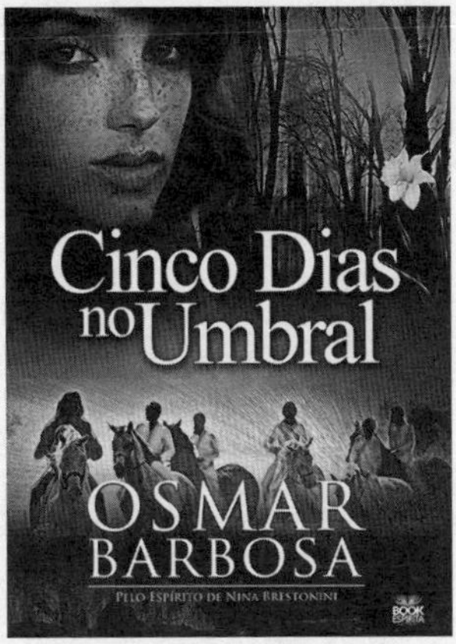
Cinco Dias
no Umbral
OSMAR
BARBOSA
Pelo Espírito de Nina Brestonini
BOOK
ESPÍRITA

OSMAR
BARBOSA
Pelo Espírito do Cigano Rodrigo
Gitano
As Vidas do
Cigano Rodrigo
BOOK
ESPÍRITA

O
Guardião
da Luz
OSMAR
BARBOSA
Pelo Espírito de Daniel
BOOK
ESPÍRITA

Osmar Barbosa
Pelo espírito Daniel
Orai
&
Vigiai

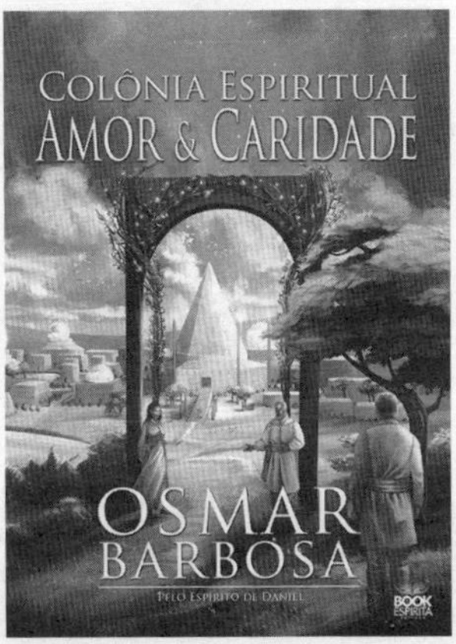
Colônia Espiritual
Amor & Caridade
OSMAR
BARBOSA
Pelo Espírito de Daniel
BOOK
ESPÍRITA

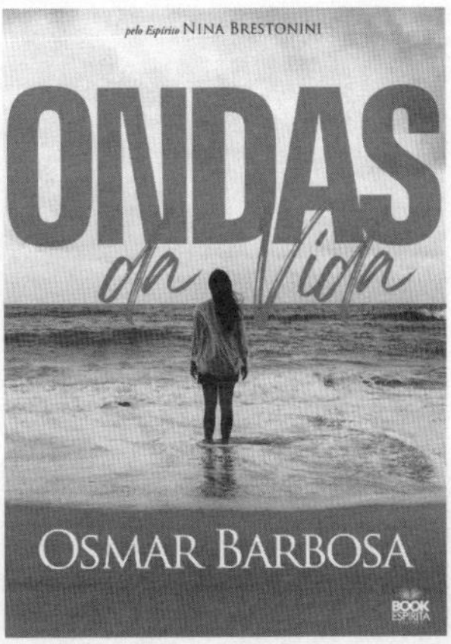
pelo Espírito Nina Brestonini
ONDAS
da Vida
OSMAR BARBOSA
BOOK
ESPÍRITA

OSMAR
BARBOSA
Pelo Espírito de Nina Brestonini
ANTES
QUE A
MORTE NOS
SEPARE
BOOK ESPÍRITA

OSMAR
BARBOSA
Pelo Espírito de Nina Brestonini
ALÉM DO SER
A História de um Suicida
BOOK ESPÍRITA

A
BATALHA
DOS
ILUMINADOS
OSMAR
BARBOSA
Pelo Espírito Daniel
BOOK ESPÍRITA

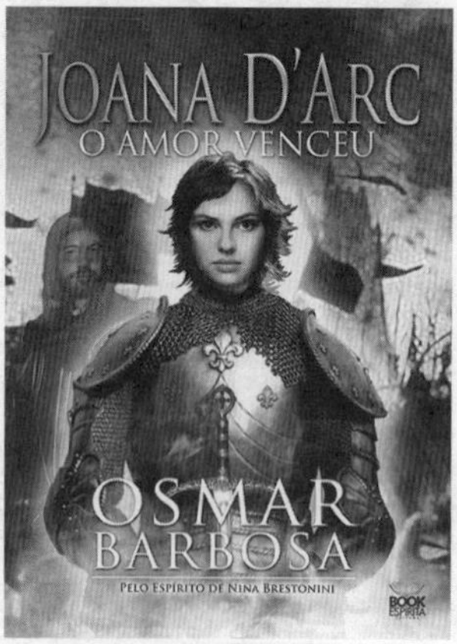
JOANA D'ARC
O AMOR VENCEU
OSMAR
BARBOSA
Pelo Espírito de Nina Brestonini
BOOK ESPÍRITA

OSMAR
BARBOSA
Pelo Espírito Lucas
EU SOU
EXU
BOOK ESPÍRITA

500
almas
OSMAR
BARBOSA
Pelo Espírito de Nina Brestonini
BOOK ESPÍRITA

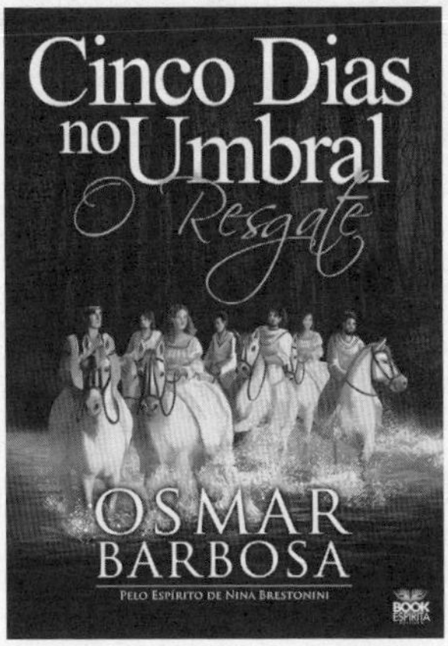
Cinco Dias no Umbral
O Resgate
OSMAR BARBOSA
Pelo Espírito de Nina Brestonini

Entre Nossas Vidas
OSMAR BARBOSA
Pelo Espírito de Nina Brestonini

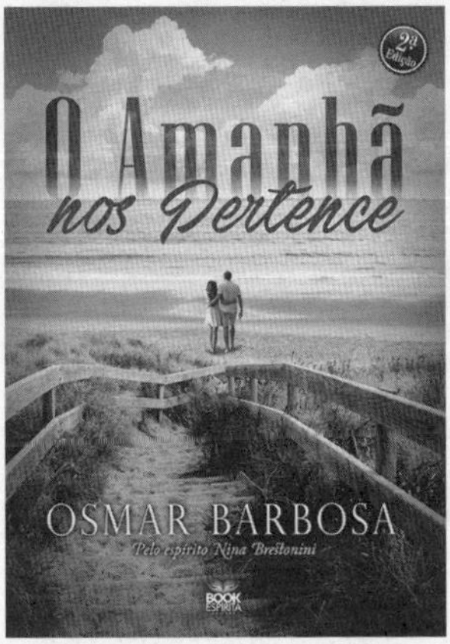
2ª Edição
O Amanhã nos Pertence
OSMAR BARBOSA
Pelo espírito Nina Brestonini

O Lado Azul da Vida
OSMAR BARBOSA
Pelo Espírito Nina Brestonini

Mãe, voltei!
OSMAR BARBOSA
Pelo espírito Nina Brestonini

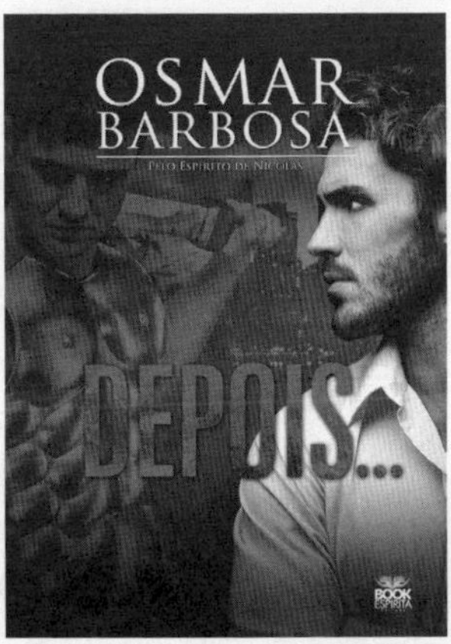
OSMAR BARBOSA
Pelo Espírito de Nicolas
DEPOIS...

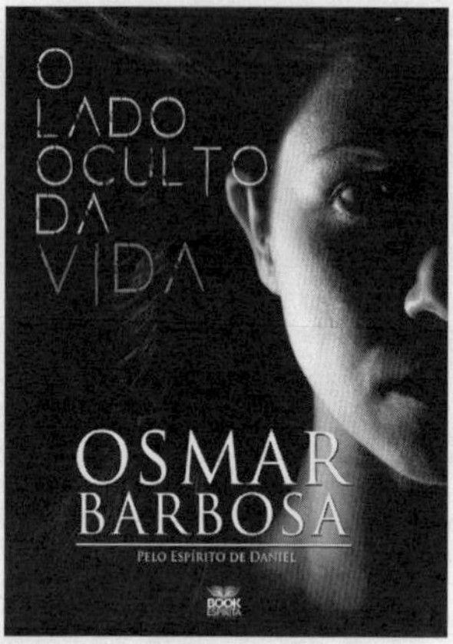
O
LADO
OCULTO
DA
VIDA
OSMAR
BARBOSA
PELO ESPÍRITO DE DANIEL
BOOK ESPÍRITA

Entrevista com Espíritos
Os Bastidores do Centro Espírita
por
OSMAR
BARBOSA
BOOK ESPÍRITA

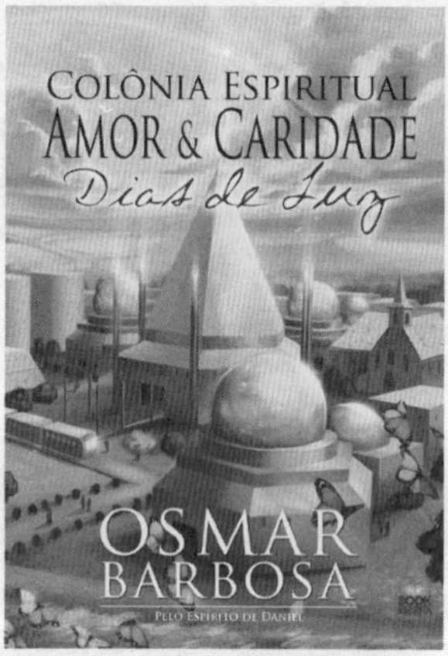
COLÔNIA ESPIRITUAL
AMOR & CARIDADE
Dias de Luz
OSMAR
BARBOSA
PELO ESPÍRITO DE DANIEL

O Médico de
DEUS
OSMAR
BARBOSA
PELO ESPÍRITO DE NINA BRESTONINI
BOOK ESPÍRITA

OSMAR
BARBOSA
PELO ESPÍRITO DE LUCAS
Amigo
Fiel

IMPUROS
A Legião de Exus
OSMAR
BARBOSA
PELO ESPÍRITO DE LUCAS
BOOK ESPÍRITA

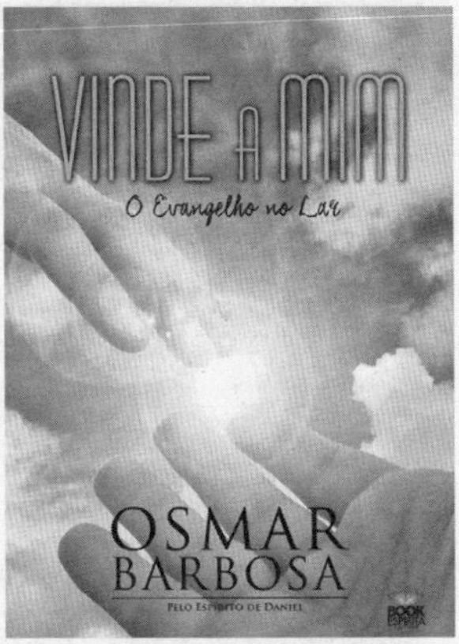
VINDE A MIM
O Evangelho no Lar
OSMAR
BARBOSA
Pelo Espírito de Daniel
BOOK ESPÍRITA

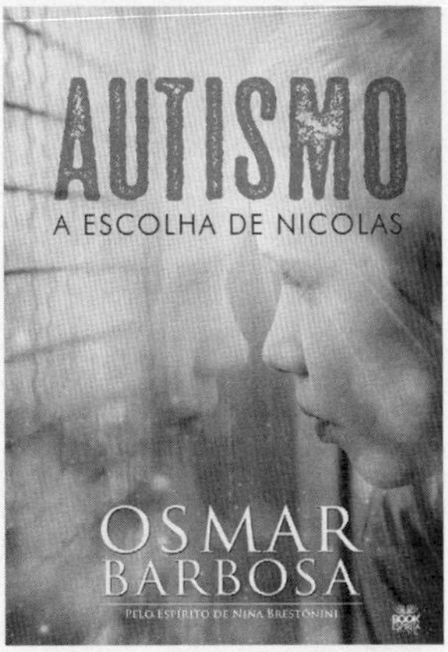
AUTISMO
A ESCOLHA DE NICOLAS
OSMAR
BARBOSA
Pelo Espírito de Nina Brestonini

UMBANDA
PARA
INICIANTES
OSMAR
BARBOSA
BOOK ESPÍRITA

OSMAR BARBOSA
PARAFRASEANDO
CHICO
XAVIER
Seleção das mais belas frases
de Chico Xavier
BOOK ESPÍRITA

OSMAR
BARBOSA
Pelo Espírito de Nina Brestonini
Cinco Dias
no Umbral
O Perdão
BOOK ESPÍRITA

Acordei no
UMBRAL
OSMAR
BARBOSA
Pelo Espírito de Lucas

ROMANCE ESPÍRITA
A ROSA DO CAIRO
OSMAR BARBOSA
PELO ESPÍRITO DE NINA BRESTONINI

pelo Espírito NINA BRESTONINI
DEIXE-ME Nascer
OSMAR BARBOSA

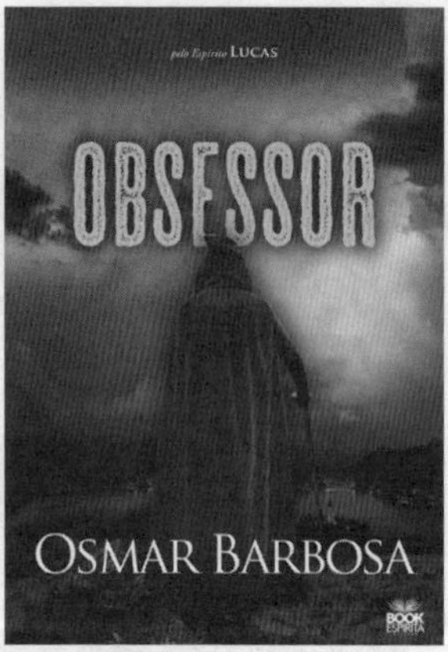
pelo Espírito LUCAS
OBSESSOR
OSMAR BARBOSA

pelo Espírito JONAS
REGENERAÇÃO
UMA NOVA ERA
OSMAR BARBOSA

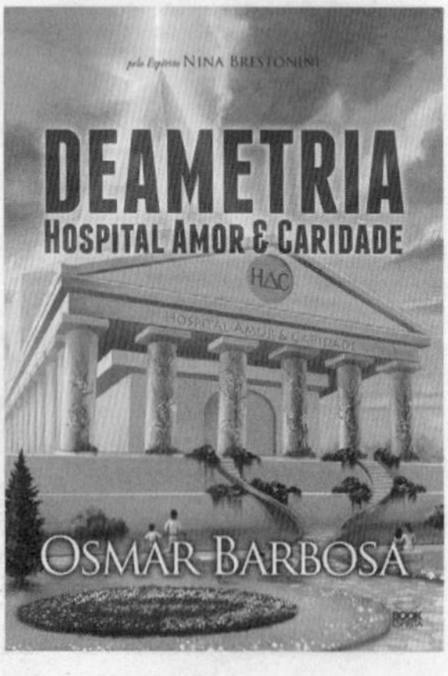
pelo Espírito NINA BRESTONINI
DEAMETRIA
HOSPITAL AMOR & CARIDADE
OSMAR BARBOSA

A Vida depois da Morte
OSMAR BARBOSA
pelo Espírito NINA BRESTONINI e LUCAS

DEAMETRIA
A Desobsessão
Modernizada
OSMAR BARBOSA
pelo Espírito CABOCLO VENTANIA
BOOK ESPÍRITA

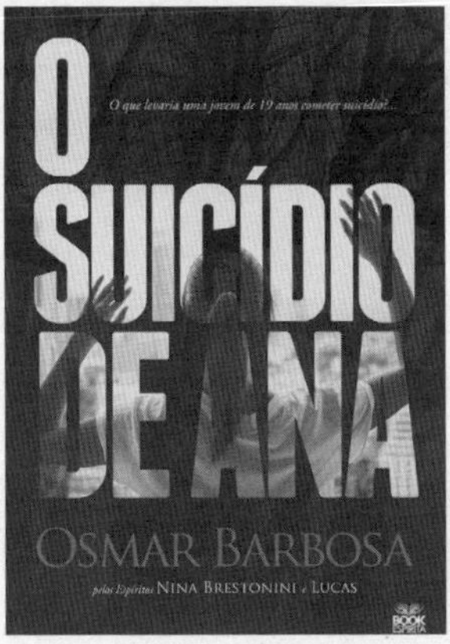
O que levaria uma jovem de 19 anos cometer suicídio?...
O
SUICÍDIO
DE ANA
OSMAR BARBOSA
pelos Espíritos NINA BRESTONINI e LUCAS
BOOK ESPÍRITA

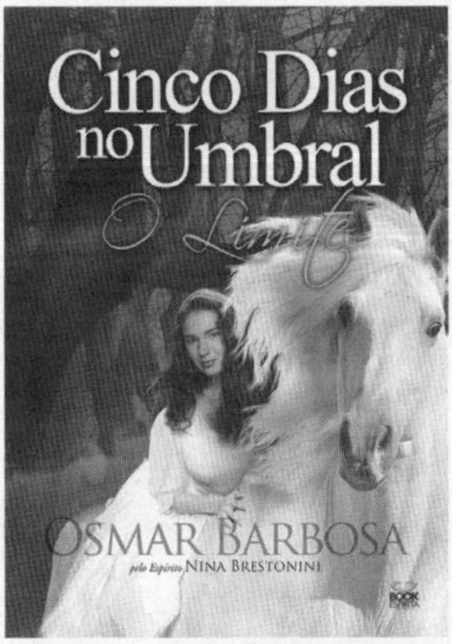
Cinco Dias
no Umbral
O Limite
OSMAR BARBOSA
pelo Espírito NINA BRESTONINI
BOOK ESPÍRITA

GUARDIÃO
EXU
OSMAR BARBOSA
pelo Espírito LUCAS
BOOK ESPÍRITA

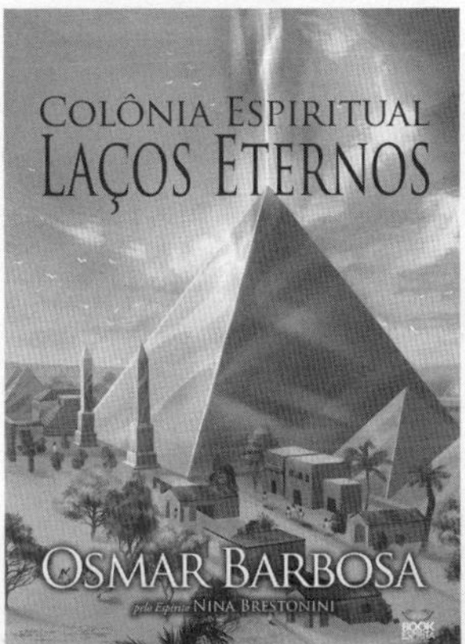
COLÔNIA ESPIRITUAL
LAÇOS ETERNOS
OSMAR BARBOSA
pelo Espírito NINA BRESTONINI
BOOK ESPÍRITA

DESPERTANDO
o
Espiritual
com
OSMAR BARBOSA
BOOK ESPÍRITA

Por que
VOCÊ MORREU?
OSMAR BARBOSA
pelo Espírito NINA BRESTONINI

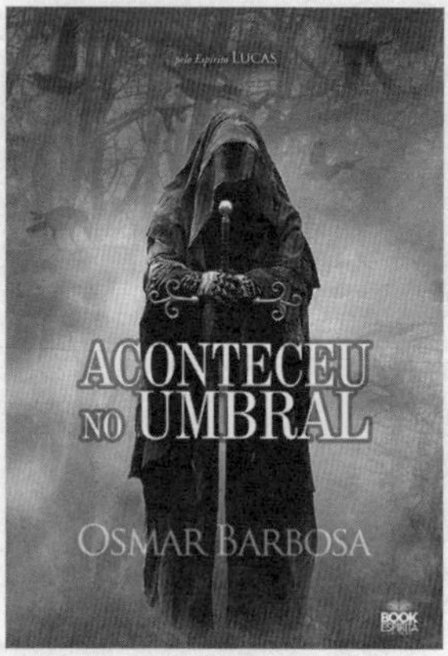
pelo Espírito LUCAS
ACONTECEU
NO UMBRAL
OSMAR BARBOSA

OSMAR BARBOSA
O
DIÁRIO
de um
SUICIDA
pelo Espírito LUCAS

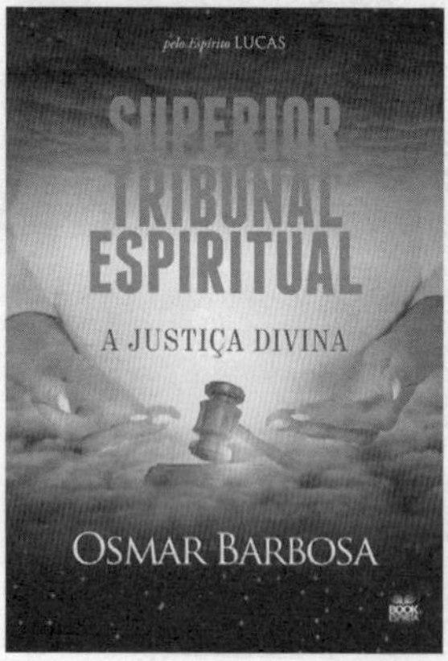
pelo Espírito LUCAS
SUPERIOR
TRIBUNAL
ESPIRITUAL
A JUSTIÇA DIVINA
OSMAR BARBOSA

pelo Espírito LUCAS
UM
ESPÍRITA
NO
UMBRAL
OSMAR BARBOSA

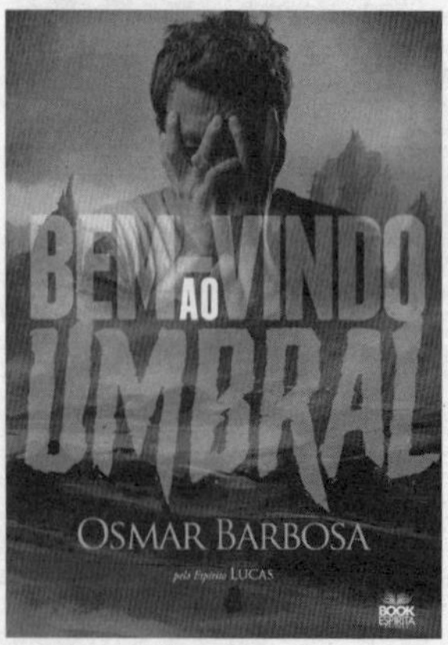
BEM VINDO
AO
UMBRAL
OSMAR BARBOSA
pelo Espírito LUCAS

OSMAR BARBOSA
O Diário de um MORTO
pelo Espírito LUCAS

EXILADOS DO PLANETA TERRA
OSMAR BARBOSA
pelo Espírito LUCAS

OSMAR BARBOSA
A GAROTA DO BALÃO
pelo Espírito LUCAS

pelo Espírito NINA BRESTONINI
O OUTRO LADO DA VIDA
OSMAR BARBOSA

OSMAR BARBOSA
pelo Espírito RAFAEL
Um Obsessor no Centro Espírita

NINA BRESTONINI & OUTROS ESPÍRITOS
ORIENTAÇÕES DO Além
OSMAR BARBOSA

“

*Todo e qualquer preconceito é algo humano.*
*Os espíritos não têm sexo.*

”

Osmar Barbosa

BOOK ESPÍRITA
EDITORA

Esta obra foi composta
na fonte Century751
No2 BT, corpo 13.
Rio de Janeiro, Brasil.